语言梦工厂

意大利语
大事小情，

速翻速查，
即学即用！

随时听，
随时翻，
随时说

意大利语
翻开就说

Speak Italian Immediately

丛书主编　云　心
本书主编　迪　娜
参　编　陈　瑶　陈　玺　符向锋
　　　　王小妹　缪春萍　王小可
　　　　龚　曦　迪　娜　杨晓琳
　　　　蒙健平　何东燃　林海肖

机械工业出版社
CHINA MACHINE PRESS

本书是专门为意大利语刚入门或基础较弱、急于开口说意大利语的读者量身定制的一本实用意大利语速成工具书，能帮助他们轻轻松松快速掌握简单意大利语。

　　全书分为四大部分，将日常必需单词、日常生活用语、情景应急口语全部覆盖，第四部分附录对意大利国情、节日和习俗做了介绍。这是一本即翻即用型的便携工具书，是赴意大利语国家学习、生活、工作、旅游和购物的好帮手。

图书在版编目（CIP）数据

意大利语翻开就说/云心主编. —北京：机械工业出版社，2019.4
（语言梦工厂）
ISBN 978-7-111-61807-2

Ⅰ. ①意… Ⅱ. ①云… Ⅲ. ①意大利语—口语—自学参考资料 Ⅳ. ① H772.94

中国版本图书馆CIP数据核字（2019）第009323号

机械工业出版社（北京市百万庄大街22号 邮政编码100037）
责任编辑：孙铁军　　责任印制：孙 炜

保定市中画美凯印刷有限公司印刷

2019年7月第1版第1次印刷
101mm×184mm · 6.5印张 · 226千字
0 001—4 000册
标准书号：ISBN 978-7-111-61807-2
定价：34.80元

电话服务　　　　　　　网络服务
客服电话：010-88361066　　机 工 官 网：www.cmpbook.com
　　　　　010-88379833　　机 工 官 博：weibo.com/cmp1952
　　　　　010-68326294　　金 书 网：www.golden-book.com
封底无防伪标均为盗版　　机工教育服务网：www.cmpedu.com

前言

随着生活水平的提高和生活观念的改变，说走就走的旅行已是常态。我们接触意大利语的机会越来越多，然而却没法开口沟通，不知道如何表达一直是大多数人不得不面对的大难题。

有的人说："吃葡萄吐不吐葡萄皮我都行，但说意大利语却是想都没想过。"有的人说："以为自己多少会说一些，可一接触到老外，整个人就凌乱了……"还有的人会说："我没有语言细胞。上学学了这么多年英语都没学好，学意大利语恐怕悬！"

我只想说，你想太多了！

不用学发音，不用背颠三倒四的语法，你翻开本书就能开口说意大利语。

本书将中文单词放在首位，是为了方便你速查即用。意大利语单词下面分别标注了拼音及汉字谐音，两种标注法，总有一款适合你。如能结合使用，效果更佳。

你会说汉语吗？看中文汉字没有问题吧？一定没问题！

既然都没问题，那再问个更深层次的。会拼字吗？比如"科"＋"阿"＝"咖"。也就是咱们刚学拼音时学的，"科阿咖""了阿拉"这样的。

拼字也没问题？那么恭喜你！

翻开这本书，你就能说意大利语！对，就是这么简单。1秒钟就能找到会说意大利语的成就感。

编　者

标注说明

① 本书谐音并非随意取字！

❑ 有些谐音汉字同音不同调是特意为之。请放心按照汉字音调发音，轻松读出标准语音语调的地道意大利语。

如：发音da（da）

哒=轻声，搭=①调，达=②调，打=③调，大=④调

② 谐音中的下划线"__"表示连读或拼读。请结合罗马音辨别需要连读还是拼读，亦可听录音跟读。

❑ 连读即下划线中的音都要发出，只是需要迅速带过，不能停顿发成两个单独的音。

如：你好！/嗨！

Ciao！

chiao（chao）

吃奥！（超）

拼读即要像汉语拼音一样将两个汉字拼读起来。

如：科一=ki（①调），科以=ki（③调），科亿=ki（④调）

特别注意

意大利语里有大舌音（即颤音），所以谐音标注中用波浪号【~】表示，看到波浪号的时候要注意舌头的颤动哦！

目录

第二部分　日常生活用语

第三部分　情景应急口语

第四部分 附 录

第一部分

日常必需单词

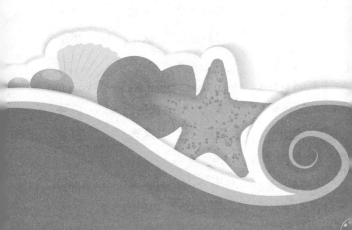

01 称谓

我	我们	你	你们
io	noi	tu	voi
yi.o	nuo.yi	du	wo.yi
以噢	诺伊	度	我一
他	他们	她	她们
lui	loro	lei	loro
lu.yi	lao.ruo~	lei.yi	lao.ruo~
陆毅	老弱~	雷伊	老弱~
……们	各位	我的	你的
loro	tutti	mio	tuo
lao.ruo~	du.ti	mi.o	du.ao
老弱~	读题	米噢	杜奥
这	那	这个	那个
questo	quello	questo	quello
kuai.si.tuo	kuai.luo	kuai.si.tuo	kuai.luo
快斯托	快落	快斯托	快落
这里	那里	这些	那些
qui	li	questi	quelli
kui	li	kuai.si.ti	kuai.li
亏	里	快四提	快里

父亲	母亲
padre	madre
ba.de.ri~.ae	ma.de.ri~.ae
爸的日~爱	骂的日~爱
哥哥	姐姐
fratello(maggiore)	sorella(maggiore)
fra~.tae.lo	suo.ri~.ae.la
(ma.zhuo.ri~.ae)	(ma.zhuo.ri~.ae)
夫日~啊太咯 （吗桌日~爱）	索日~爱啦 （吗桌日~爱）
祖父，外公	祖母，外婆
nonno	nonna
no.no	no.na
诺诺	诺呐
弟弟	妹妹
fratello(minore)	sorella(minore)
fra~.tae.lo	suo.ri~.ae.la
(mi.nuo.ri~.ae)	(mi.nuo.ri~.ae)
夫日~啊太咯 （咪诺日~爱）	索日~爱啦 （咪诺日~爱）

叔叔，伯伯，舅舅	阿姨，姑姑，婶婶
zio	**zia**
zi.yi.ao	zi.yi.a
字一奥	字一啊
儿子/令郎	女儿/令媛
figlio	**figlia**
fei.liao	fei.li.a
非聊	非利啊
父母	孩子
genitori	**figlio/figlia**
zhae.ni.dao.ri˜.yi	fei.liao/fei.li.a
占你到日˜一	非聊/非利啊
丈夫	妻子
marito	**moglie**
ma.ri˜.yi.tuo	mo.li.ae
吗日˜一托	莫利艾
孙子（女），外孙（女）	堂兄妹，表兄妹
nipote	**cugino/ cugina**
ni.po.tae	ku.zhi.yi.no/ku.zhi.yi.na
腻破太	库之一诺/库之一呐

4

媳妇	女婿
nuora	genero
nu.ao.ra~	gae.nae.ro~
怒奥日~啊	债耐若~

各种职业

老师	农民
insegnante	contadino
yin.sea.niang.tae	kon.ta.di.nuo
因赛酿太	空他迪诺
学生	公司职员
studente	impiegato
si.tu.dan.tae	yinm.pi.ae.ga.to
司吐但太	因么屁爱嘎托
律师	医生
avvocato	dottore
a.wo.ka.tuo	do.to.ri~.ae
啊喔咔托	多托日~爱
司机	服务员
autista	cameriere
ao.wu.dis.da	ka.mae.ri~.yi.ae.ri~.ae
奥无迪斯大	咔卖日~一爱日~爱

5

记者	播音员
giornalista	*annunciatore*
zhuor~.na.lis.ta	a.nong.chia.do.ri~.ae
桌日~呐利斯塔	啊弄吃啊到日~爱
主持人	政治家
moderatore	*politico*
mo.dae.ra~.do.ri~.ae	po.li.ti.ko
莫带日~啊多日~爱	破利替扣
演员	导演
attore	*direttore*
a.to.ri~.ae	di.ri~.ae.to.ri~.ae
啊托日~爱	迪日~爱托日~爱
外交官	秘书
diplomatico	*segretaria*
di.plo.ma.ti.ko	sae.ge.ri~.ae.ta.ri~.yi.a
迪普咯骂替扣	赛戈日~爱踏日~一啊
警察	翻译
polizia	*traduttore*
bo.li.ci.yi.a	te.ra~.du.tuo.ri~.ae
波利次一啊	特日~啊嘟托日~爱

02 数字

002

0	1
zero	uno
zae.ro~	wu.no
在若~	唔喏
2	3
due	tre
du.ae	te.ri~.ae
度爱	特日~爱
4	5
quattro	cinque
kua.te.ro~	qin.kuai
跨特若~	庆快
6	7
sei	sette
sae.yi	sae.tae
赛一	赛太
8	9
otto	nove
ao.to	no.wae
奥拓	诺外

10	11
dieci	**undici**
di.ae.qi	wen.di.qi
迪爱七	文第七
14	17
quattordici	**diciasette**
kua.tor~.di.qi	di.chia.sae.tae
夸托日~第七	迪吃啊赛太
20	90
venti	**novanta**
wan.ti	no.wan.ta
万踢	诺万他
100	400
cento	**quattrocento**
chan.tuo	kua.te.ro~.chan.tuo
颤托	夸特若~颤托
600	800
seicento	**ottocento**
sae.yi.chan.tuo	ao.to.chan.tuo
赛一颤托	奥托颤托
900	1000
novecento	**mille**
no.wae.chan.tuo	mi.lae
诺外颤托	咪来

3000	4000
tremila	quattromila
te.ri˜.ae.mi.la	kua.te.ro˜.mi.la
特日˜爱咪啦	夸特若˜咪啦
7000	8000
settemila	ottomila
sae.tae.mi.la	ao.to.mi.la
赛太咪啦	奥托咪啦
10000	1亿
diecimila	cento milioni
di.ae.qi.mi.la	chan.tuo.mi.liao.ni
迪爱七秘啦	颤托咪聊腻

 次序

第1个	第2个
primo	secondo
pe.ri˜.yi.mo	sae.kon.do
普日˜一吗	赛空多
第3个	第4个
terzo	quarto
taer˜.cuo	kuar˜.tuo
太日˜错	跨日˜托

第5个	第6个
quinto	sesto
ku.yin.tuo	saes.tuo
库因托	赛斯托
第7个	**第8个**
settimo	ottavo
sae.ti.mo	ao.ta.wo
赛替莫	奥他喔
第9个	**第10个**
nono	decimo
no.no	dae.qi.mo
诺诺	带七莫
第20个	**第100个**
ventesimo	centesimo
wan.tae.zei.mo	chan.tae.zei.mo
万太贼莫	颤太贼莫

分数

1/2	1/3
metà/mezzo	un terzo
mae.ta/mae.cuo	wen.taer~.cuo
卖踏/卖错	文 太日~错

2/3	3/4
due terzi	tre quarti
du.ae.taer~.ci.yi	te.ri~.ae.kuar~.ti
度爱 太日~次一	特日~爱 跨日~替
1/5	2/5
un quinto	due quinti
wen.ku.yin.tuo	du.ae.ku.yin.ti
文 库因托	度爱 库因替
3/5	4/5
tre quinti	quattro quinti
te.ri~.ae.ku.yin.ti	kua.te.ruo~.ku.yin.ti
特日~爱 库因替	跨特若~ 库因替

时间

整点

1点	2点
l'una	le due
lu.na	lae.du.ae
路呐	来 度爱

11

3点	4点
le tre	**le quattro**
lae.te.ri~.ae	lae.kua.te.ro~
来 特日~爱	来 跨特若~
5点	6点
le cinque	**le sei**
lae.qin.kuai	lae.sae.yi
来 庆快	来 赛一
7点	8点
le sette	**le otto**
lae.sae.tae	lae.ao.tuo
来 赛太	来 奥托
9点	10点
le nove	**le dieci**
lae.nuo.wae	lae.di.ae.qi
来 诺外	来 迪爱七
11点	12点
le undici	**le dodici**
lae.wen.di.qi	lae.do.di.qi
来 问第七	来 多第七

 小时数

1小时	2小时
un'ora	**due ore**
wen.ao.ra~	du.ae.ao.ri~.ae
文奥日~啊	度爱 奥日~爱

3小时	4小时
tre ore	**quattro ore**
te.ri˜.ae.ao.ri˜.ae	kua.te.ruo˜.ao.ri˜.ae
特日˜爱 奥日˜爱	跨特若˜ 奥日˜爱
5小时	6小时
cinque ore	**sei ore**
qin.kuai.ao.ri˜.ae	sae.yi.ao.ri~.ae
庆快 奥日˜爱	赛一 奥日˜爱
7小时	8小时
sette ore	**otto ore**
sae.tae.ao.ri˜.ae	ao.tao.ri˜.ae
赛太 奥日˜爱	奥托日˜爱
9小时	10小时
nove ore	**dieci ore**
nuo.wae.ao.ri˜.ae	di.ae.qi.ao.ri˜.ae
诺外 奥日˜爱	迪爱七 奥日˜爱
几个小时	半（小时）
qualche ora	**mezz'ora**
kua.le.kae.ao.ri˜.ae	mae.cuo.ra˜
夸了开 奥日˜爱	卖错日˜啊

分钟

1分钟	2分钟
uno	due
wu.no	du.ae
物喏	度爱
3分钟	4分钟
tre	quattro
te.ri~.ae	kua.te.ro~
特日~爱	跨特若~
5分钟	6分钟
cinque	sei
qin.kuai	sae.yi
庆快	赛一
7分钟	8分钟
sette	otto
sae.tae	ao.tuo
赛太	奥托
9分钟	10分钟
nove	dieci
nuo.wae	di.ae.qi
诺外	迪爱七

20分钟	30分钟
venti	trenta/mezza/mezzo
wan.ti	te.ran~.ta/mae.ca/mae.cuo
万踢	特然~他/卖嚓/卖错

时间点

3点30分	3点半
le tre e mezza	le tre e mezza
lae.te.ri~.ae.ae.mae.ca	lae.te.ri~.ae.ae.mae.ca
来 特日~爱 爱 卖嚓	来 特日~爱 爱 卖嚓
5点45分/差一刻六点	7点过5分
le sei meno un quarto	le sette e cinque
lae.sae.yi.mae.nuo.wen.kuar~.tuo	lae.sae.tae.ae. qin.kuai
来 赛一 卖诺 文 跨日~托	来 赛太 爱 庆快
5点45分/五点三刻	9点3分
le cinque e quarantacinque	le nove e tre
lae.qin.kuai.ae.kua.rang~.ta.qin.kuai	lae.nuo.wae.ae.te.ri~.ae
来 庆快 爱 跨让~踏 庆快	来 诺外 爱 特日~爱

04 年、月、日 ●004

 年份

今年	去年
quest'anno	anno scorso
kuai.si.ta.nuo	a.nuo.si.kuor~.so
快死他诺	啊诺 司扩日~索
明年	前年
prossimo anno	due anni fa
pe.ruo~.si.yi.mo.a.nuo	du.ae.a.ni.fa
普若~斯一莫 啊诺	度爱 啊腻 发
一年	十年
unanno	dieci anni
wen.a.nuo	di.ae.qi.a.ni
文 啊诺	第爱器 啊腻
百年	千年
cento anni	mille anni
chan.tuo.a.ni	mi.lae.a.ni
颤托 啊腻	咪赖 啊腻
哪年	几年
quale anno	qualche anno
kua.lae.a.nuo	kua.le.kai.a.nuo
跨赖 啊诺	跨了开 啊诺

2016年	1949年
2016	1949
du.ae.mi.la.sae. yi.di.qi	mi.lae.nuo.wae.chan.tuo. kua.rang˜.ta.nuo.wae
度爱咪啦赛一第七	咪赖诺外颤托跨让˜踏诺外
1980年	1992年
1980	1992
mi.lae.nuo.wae.chan. tuo.ao.tang.ta	mi.lae.nuo.wae.chan. tuo.nuo.wang.ta.du.ae
咪赖诺外颤托奥烫踏	咪赖诺外颤托诺忘踏度爱
2000年	2008年
2000	2008
du.ae.mi.la	du.ae.mi.la.ao.tuo
度爱咪啦	度爱咪啦奥拓

1月	2月
gennaio	febbraio
zhae.na.yi.ao	fae.be.ra˜.yi.ao
债呐要	法埃不日˜啊要

3月	4月
marzo	aprile
mar~.cuo	a.pe.ri~.yi.lae
骂日~错	啊普日~一来
5月	6月
maggio	giugno
ma.zhiao	zhu.niao
吗至奥	祝鸟
7月	8月
luglio	agosto
lu.liao	a.gao.si.tuo
路聊	啊高斯托
9月	10月
settembre	ottobre
sae.taem.be.ri~.ae	ao.tao.be.ri~.ae
赛探不日~爱	奥托不日~爱
11月	12月
novembre	dicembre
no.waem.be.ri~.ae	di.chanm.be.ri~.ae
诺万不日~爱	迪颤不日~爱

 日期

1日	2日
primo	due
pe.ri~.yi.mo	du.ae
普日~一吗	度爱

3日	4日
tre	quattro
te.ri˜.ae	kua.te.ruo˜
特日˜爱	跨特若˜
5日	6日
cinque	sei
qin.kuai	sae.yi
庆快	赛一
7日	8日
sette	otto
sae.tae	ao.tuo
赛太	奥托
9日	10日
nove	dieci
nuo.wae	di.ae.qi
诺外	迪爱七
19日	20日
diciannove	venti
di.chia.nuo.wae	wan.ti
迪吃啊诺外	万踢

 星期

周日	周一
domenica	lunedì
duo.mae.ni.ka	lu.nae.di
多卖腻卡	路耐第

周二	周三
martedì	mercoledì
mar~.tae.di	maer~.kao.lae.di
<u>骂日</u>~太第	<u>卖日</u>~靠来第
周四	**周五**
giovedì	venerdì
zhuo.wae.di	wae.naer~.di
桌外第	外耐日~第
周六	**周末**
sabato	finesettimana
sa.ba.tuo	fei.nae.sae.ti.ma.na
飒吧托	非耐赛踢骂呐

昨天	今天
ieri	oggi
ye.ri~.yi	ao.zhi.yi
<u>夜日</u>~一	<u>奥之</u>一
明天	**前天**
domani	l'altro ieri
duo.ma.ni	la.te.ruo~.ye.ri~.yi
多骂你	啦特若~夜日~一

后天	以后
dopodomani	**dopo**
do.po.do.ma.ni	do.po
多破多骂你	多破

以前	本周
prima di	**questa settimana**
pe.ri˜.yi.ma.di	kuai.sita.sae.ti.ma.na
普<u>日˜</u>一吗 迪	快死他 赛踢骂呐

上周	下周
settimana scorsa	**settimana prossima**
sae.ti.ma.na.si.kuor˜.sa	sae.ti.ma.na.pe.ruo˜.si.yi.ma
赛踢骂呐 司扩<u>日˜</u>撒	赛踢骂呐 普若˜<u>斯一</u>吗

早上	上午
mattina	**mattina**
ma.ti.na	ma.ti.na
吗替呐	吗替呐

中午	下午
mezzogiorno	**pomeriggio**
mae.cuo.zhuo.ri˜.nuo	bo.mae.ri˜.yi.zhuo
卖错桌<u>日˜</u>诺	波卖<u>日˜</u>一桌

傍晚	晚上
sera	*sera*
sae.ra~	sae.ra~
赛日~啊	赛日~啊
半夜	**工作日**
mezzanote	*giorno feriale*
mae.ca.no.tae	zhuo.ri~.no.fae.ri~.yi.a.lae
卖嚓诺太	桌日~诺 法埃 日~一 啊来
休息日	**周末**
giorno di riposo	*finesettimana*
zhuo.ri~.no.di.ri~.yi.po.zuo	fei.nae.sae.ti.ma.na
桌日~诺 迪 日~一破做	非耐赛踢骂呐

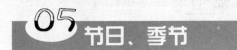

05 节日、季节 ●005

意大利国定假日

跨年日（12.31）	元旦（1.1）
Notte di San Silvestro	Capodanno
nuo.tae.di.sang.seil. waes.te.ruo	ka.po.da.nuo
诺太 迪 桑斯一了外 司特若~	卡破大诺

主显节（1.6）	情人节（2.14）
Epifania	*San Valentino*
ae.pi.fa.ni.a	sang.wa.len.ti.nuo
爱屁发腻啊	桑 瓦伦踢诺
狂欢节	复活节（4月）
Carnevale	*Pasqua*
kar~.nae.wa.lae	pa.si.kua
卡日~耐袜来	怕司跨
胜利日（4.25）	国庆节（6.2）
Giorno della Liberazione	*Festa Nazionale*
zhuo.ri~.nuo.dae.la.li.bae.ra~.ci.yi.ao.nae	fae.si.ta.na.ci.yi.ao.na.lae
桌日~诺 带啦 利白日~啊 次一奥耐	法埃司他 呐次一奥呐来
圣约翰节（6.24）	赛马节（7.2&8.16）
Festa di San Giovanni	*Il Palio*
fae.si.ta.di.sang.zhuo.wa.ni	yi.le.ba.liao
法埃斯塔 迪 桑 桌袜你	一了 霸聊

八月节（8.15）	威尼斯国际电影节（9月初）
Ferragosto fae.ra~.gao.si.tuo	**Mostradel Cinema di Venezia** mo.si.te.ra~.dae.lae. qi.nae.ma.wae.nae. ci.yi.a
<u>法埃</u> <u>日~啊</u>告司托	莫斯特<u>日~啊</u> 带了 器 耐吗 第 外耐<u>次</u>一啊
夜如白昼（9.17）	**圣人节（11.1）**
La Notte Bianca la.nuo.tae.bi.ang.ka	**Festa dei Santi** fae.si.ta.dae.yi.sang.ti
啦 诺太 比昂卡	<u>法埃</u>斯塔 带一 桑替
万圣节（11.2）	**圣诞节（12.25）**
Vigilia d'Ognissanti wei.zhi.yi.li.a.dao. ni.sang.ti	**Natale** na.ta.lae
为之<u>一</u>利啊 到你桑替	呐踏懒

 季节

春	夏
primavera pe.ri~.yi.ma.wae.ra	estate ae.si.da.tae
<u>普日~</u>一吗外<u>日~</u>啊	爱死大太

24

秋	冬
autunno	**inverno**
ao.wu.du.nuo	yin.waer~.nuo
奥无度诺	因外日~诺

 食品

 餐种

早餐	午餐
colazione	**pranzo**
kao.la.ci.yi.ao.nae	pe.rang~.zuo
考啦此一奥奈	普让~做
晚餐	甜点
cena	**dolce**
chae.na	duo.le.chae
拆呐	多了拆
中餐	西餐
ristorante cinese	**ristorante occidentale**
ri~.yi.si.tuo.rang~.tae.qi.nae.zae	ri~.yi.si.tuo.rang~.tae.ao.qi.dan.ta.lae
日~一司托让~太 七耐在	日~一司托让~太 奥七但踏来

意大利菜	自助餐
cucina italiana	buffet
ku.qi.na.yi.ta.li.a.na	bu.fae
库器呐 一踏利啊呐	不法埃

 食品

沙拉	肉酱意面
insalata	spaghetti al ragù
yin.sa.la.ta	zi.ba.gae.ti.a.le.ra~.gu
因撒啦他	字霸盖踢 啊了 日~啊故
炸薯条	披萨
patatine fritte	pizza
pa.ta.ti.nae.fu.ri~.yi.tae	pi.ca
怕他替耐 夫日~一太	屁嚓
浓肉汁菜汤	面包
minestrone	pane
mi.nae.si.te.ruo~.nae	ba.nae
咪耐司特若~耐	霸耐
布丁	蛋糕
budino	torta
bu.di.nuo	tuo.ri~.ta
布第诺	托日~他

通心粉	火腿
maccheroni	prosciutto
ma.kae.ruo~.ni	pe.ruo~.shu.tuo
吗开若~你	普若~树拖
冰淇淋	鸡肉
gelato	pollo
zhae.la.tuo	po.lo
债辣托	破咯

 饮料

啤酒	红酒
birra	vino
bi.ra~	wei.nuo
必日~啊	为诺
鸡尾酒	威士忌
cocktail	whiskey
kao.ke.tael	wei.si.ki
靠可太了	喂司科一
伏特加	起泡酒/香槟酒
vodka	vino spumante
wo.te.ka	wei.nuo.si.pu.mang.tae
喔特卡	为诺 司普忙太

意大利语翻开就说

白酒/烈酒	开胃酒
liquore	aperitivo
li.kuo.ri˜.ae	a.pae.ri˜.yi.ti.wo
利扩日˜爱	啊派日˜一替我
白兰地	柠檬酒
brandy	limonciello
be.ran˜.di	li.mon.chiae.lo
不然˜迪	利莫嗯拆咯
咖啡	茶
caffe	tè
ka.fei	tae
卡费	太

蔬菜	胡萝卜
verdura	carota
waer˜.du.ra˜	ka.ro˜.ta
外日˜度日˜啊	卡若˜踏
黄瓜	茴香
cetriolo	finocchio
chae.te.ri˜.yi.ao.lo	fei.nuo.ki.ao
拆特日˜一奥咯	费诺科一奥

28

卷心菜	辣椒
cavolo	peperone
ka.wo.lo	pae.pae.ro~.nae
卡握咯	派派若~耐
芦笋	罗勒
asparagi	basilico
as.pa.ra~.zhi.yi	ba.zi.yi.li.ko
啊司日~啊 之一	八字一利靠
迷迭香	蘑菇
rosmarino	fungo
ro~.si.ma.ri~.yi.no	fu.en.go
若~司骂日~一诺	夫嗯高
南瓜	茄子
zucca	melanzana
zu.ka	mae.lang.za.na
组卡	卖浪杂呐
芹菜	蒜
sedano	aglio
sae.da.no	a.liao
赛大诺	啊聊

葱	洋葱
porro	cipolla
po.ro~	qi.po.la
破若~	器破啦
土豆	豌豆
patata	pisello
pa.ta.ta	pi.zae.lo
怕踏踏	屁在咯
西红柿	菠菜
pomodoro	spinaci
po.mo.do.ro~	si.pi.na.qi
泼莫剁若~	司屁那器

 水果

水果	梨子
frutta	pera
fu.ru~.ta	pae.ra~
夫入~他	派日~啊
橘子	苹果
mandarino	mela
mang.da.ri~.yi.no	mae.la
忙大日~一诺	卖啦

橙子	柚子
arancia	pompelmo
a.rang~.chia	pom.pael.mo
啊让~吃啊	破么派了莫
西瓜	菠萝
anguria	ananas
an.gu.ri~.yi.a	a.na.na.si
安故日~一啊	啊呐呐司
草莓	香蕉
fragola	banana
fu.ra~.gao.la	ba.na.na
夫日~啊告啦	吧呐呐
芒果	橄榄
mango	oliva
mang.go	ao.li.wa
忙告	奥利哇
蓝莓	李子
mirtillo	susina/prugna
mir~.ti.lo	su.si.yi.na/pe.ru~.ni.a
咪日~踢咯	苏司一呐/ 普入~腻啊

柠檬	葡萄
limone	uva
li.mo.nae	wu.wa
里莫耐	物哇
杏子	樱桃
albicocca	ciliegia
al.bi.ko.ka	qi.li.ae.zhia
啊了必靠卡	七利艾炸

 调味料

调料	橄榄油
spezie	olio d'oliva
si.pae.cei.ae	ao.liao.dao.li.wa
司派次一爱	奥聊 到利袜
花生油	植物油
olio di semi di arachide	oli vegetali
ao.liao.di.sae.mi.di.a.ra~.ki.dae	ao.li.wae.zhae.ta.li
奥聊 第 赛咪 第 啊 日~啊 科一带	奥利 外债踏利

盐	酱油
sale	salsa di soia
sa.lae	sal.sa.di.suo.yi.a
撒赖	撒了撒 第 索一啊
醋	芝士
aceto	formaggio
a.chae.tuo	for~.ma.zhuo
啊拆托	佛日~骂桌
黄油	豆蔻
burro	noce moscata
bu.ruo~	nuo.chae.mo.si.ka.ta
不若~	诺拆 莫斯卡踏
胡椒	奶酪
pepe	formaggio
pae.pae	for~.ma.zhuo
派派	佛日~骂桌
孜然	桂皮
cumino	cannella
ku.mi.nuo	ka.nae.la
库咪诺	卡耐啦
八角	辣椒
anice	peperoncino
a.ni.chae	pae.pae.rou.qi.nuo
啊腻拆	派派若恩 气诺

 餐具

餐具	**刀**
posata	coltello
po.sa.ta	kao.le.tae.lo
破撒踏	靠了太咯
叉	**勺子**
forchetta	cucchiaio
for˜.kae.ta	ku.ki.a.yi.ao
佛日˜开踏	库科—啊—奥
筷子	**碗**
bacchette	ciotola
ba.kae.tae	chiao.tuo.la
霸 开 太	吃奥托啦
茶杯	**盘子**
tazza	piatto
da.ca	pi.a.tuo
大嚓	屁啊托
玻璃杯	**茶壶**
bicchiere	teiera
bi.ki.ae.ri˜.ae	tae.yi.ae.ra˜
必科—爱日˜爱	太—爱日˜啊

托盘	牙签
vassoio	stecchino
wa.suo.yi.ao	si.tae.ki.nuo
袜索一奥	斯太科一诺

 颜色 007

白色	黑色
bianco	nero
bi.ang.ko	nae.ro~
比昂靠	耐若~
红色	粉红色
rosso	rosa
ro~.so	ro~.sa
若~索	若~撒
灰色	黄色
grigio	giallo
ge.ri~.yi.zhiao	zha.lo
个 日~一 至奥	炸咯
蓝色	绿色
blu	verde
be.lu	waer~.dae
不路	外日~带

35

金色	紫色
oro	violetto
ao.ro~	wei.ao.lae.to
奥若~	为奥赖托
棕色	橙色
marrone	arancione
ma.ro~.nae	a.rang~.chiao.nae
吗若~耐	啊让~吃奥耐

08 交通工具

008

地铁	公交车
Metro	autobus
mae.te.ruo~	aw.tuo.bu.si
卖特若~	奥托不司
出租车	轿车
taxi	automobile
da.ke.si.yi	ao.tuo.mo.bi.lae
大克司一	奥托莫必赖
火车	汽车
treno	automobile/macchina
te.ri~.ae.nuo	aw.tuo.mo.bi.lae/ma.ki.na
特日~爱诺	奥拓莫必赖/骂克一呐

飞机	摩托车
aereo	motocicletta
a.ae.ri˜.ae.ao	mo.tuo.qi.ke.lae.ta
啊爱日˜爱奥	莫托器克赖踏
自行车	拖拉机
bicicletta	trattore
bi.qi.ke.lae.ta	te.ra˜.tuo.ri˜.ae
必器克赖踏	特日˜啊拓日˜爱
卡车	特快列车
camion	espresso
ka.mi.ao.en	ae.si.pe.ri˜.ae.suo
卡密奥嗯	爱死普日˜爱索
站台	卧铺
binario	cuccetta
bi.na.ri˜.yi.ao	ku.chae.ta
必那日˜一奥	库拆塔
船	游轮
barca	traghetto
bar˜.ka	te.ra˜.gae.tuo
霸日˜卡	特日˜啊 盖托

有轨电车	游览火车
tram	treno turistico
te.ra~.me	te.ri~.ae.nuo.tu.ri~.yi.zi.di.kao
特日~啊么	特日~爱诺 吐日~一字第靠

车站	机场
fermata	aeroporto
faer~.ma.ta	a.ae.ruo~.por~.tuo
法埃日~骂他	啊爱若~破日~托

第二部分

日常生活用语

01 打招呼

 ●009

 日常招呼

☺ **Buongiorno!**

早上好！/早安！

bon.zhuor~.nuo

本卓日~诺！

☺ **Ciao!**

你好！/嗨！

chiao

吃奥！

☺ **Come stai?**

你好！/身体好吗？

ko.mae.si.tai

考咩 思泰？

☺ **Come va?**

（最近）怎么样？

ko.mae.wa

考咩 袜？

☺ **Come vanno le cose?**

情况如何？/近况如何？　　（关于工作等）

ko.mae.wa.nuo.lae.ko.sae

考咩 袜诺 赖 靠在？

☺ **Tutto bene?**

一切都好吗?

du.duo.bae.nae

嘟多 败耐?

☺ **Tutto a posto?**

一切都顺利吗?

du.tuo.a.bo.si.do

度托 啊 波司多?

☺ **Come va la salute?**

(健康方面)怎么样?

ko.mae.wa.la.sa.lu.tae

考咩 袜 啦 撒路太?

☺ **Novità?**

有什么新鲜事吗?

nuo.wei.yi.da

诺唯一大?

☺ **Buona sera.**

晚上好。

bo.na.sai.ra~

波呐 塞日~啊。

☺ **Buona notte.**

晚安。

bo.na.nuo.tai

波呐 诺泰。

41

意大利语翻开就说

☺ Da quanto tempo!

好久不见啊！

da.kuang.duo.daem.po

哒 筐多 但破！

☺ Grazie!

谢谢！

ge.ra~.ci.ae

戈日~啊 次耶！

☺ Grazie mille!

非常感谢！

ge.ra~.ci.ae.mi.lai

戈日~啊 次耶 密来！

 会话一

Come stai?

身体好吗？

ko.mae.si.tai

考咩 思泰？

Sì, sto bene. Grazie. E tu?

是的，我很好。谢谢。你呢？

si.yi.si.tuo.bae.nae.ge.ra~.ci.ae.ae.du

斯一，司托 败耐。戈日~啊 次耶。爱 度？

Anch'io.

我也很好。

ang.kae.yi.ao

昂开一奥。

会话二

Buongiorno! Sembra di stare benissimo!

早上好！您看起来精神不错啊！

bon.zhuor~.nuo.sam.be.ra~.di.si.ta.ri~.ae.bae.
ni.sei.mo

本卓日~诺！散么不日~啊 第 司踏日~爱
败腻斯一莫！

Certo! Faccio sempre sport di recente.

是啊！我最近可经常运动呢。

chaer~.tuo.fa.chiao.sam.pe.ri~.ae.si.por~.te.di.
ri~.ae. chan.tae

拆日~托！发吃奥 散么普日~爱 司破日~特
第 日~爱颤太。

Bravo.

真棒。

be.ra~.wo

不日~啊握。

会话三

Ciao!

你好！

chiao

吃奥！

Ciao!Dove vai?

你好！去哪儿呀？

chiao.duo.wae.wa.yi

吃奥！多外 袜一？

Vado là.

去那边。

wa.duo.la

袜多 辣。

Va bene. Vado. A tra poco.

这样啊。我回去了哦。待会儿见。

wa.bae.nae.wa.duo.a.te.ra~.po.kao

袜 败耐。袜多。啊 特日~啊破靠。

Ok. Ciao.

好，再见。

ou.kei.chiao

欧怼。吃奥。

 第一次见面

☺ **Salve.**

你好。

44

sa.le.wae

飒了外。

☺ **Molto piacere.**

初次见面，请多关照。

mol.tuo.bi.a.chae.ri~.ae

摸了托 比啊拆日~爱。

☺ **Piacere.**

幸会。

bi.a.chae.ri~.ae

比啊拆日~爱。

☺ **Molto lieto. / Molto lieta.**

非常高兴（认识你）。

mol.tuo.li.ae.to / mol.tuo.li.ae.ta

摸了托 利爱托。／ 摸了托 利爱他。

☺ **Questo è il prof. Wang.**

这位是王老师。

kuai.si.tuo.ae.yi.le.pe.ruo~.fu.wang

快死托 爱 衣了 普若~夫 王。

☺ **Quello è il signor Nino.**

那位是尼诺先生。

kuai.lo.ae.yi.le.sei.niaor~.ni.nuo

快咯 爱 衣了 司一尿日~ 腻诺。

45

Buongiorno! Il mio cognome è Lin.

你好，我姓林。

bon.zhuor~.nuo.yi.le.mi.ao.kao.niao.mae.ae.lin

本卓日~诺! 一了 咪奥 靠尿卖 爱 林。

Molto piacere.

请多多关照。

mol.tuo.bi.a.chae.ri~.ae

摸了托 比啊拆日~爱。

Buongiorno! Il mio nome è Nino.

初次见，我叫尼诺。

bon.zhuor~.nuo.yi.le.mi.ao.nuo.mae.ae.ni.nuo

本卓日~诺! 一了 咪奥 诺卖 爱 腻诺。

Molto lieto. / Molto lieta.

非常高兴（认识你）。

mol.tuo.li.ae.to / mol.tuo.li.ae.ta

摸了托 利爱托。/ 摸了托 利爱他。

介绍者：**Signor Nino, questo è il prof. Wang.**

尼诺先生，这位是王老师。

sei.niaor~.ni.nuo.kuai.si.tuo.ae.yi.le.pe.

ruo˜.fu.wang

司一尿日˜ 腻诺，快死托 爱 一了普
若˜夫 王。

Prof.Wang, questo è il Signor Nino.

王老师，这位是尼诺先生。

pe.ruo˜.fu.wang.kuai.si.tuo.ae.yi.le.sei.
niaor˜.ni.nuo

普若˜夫 王，快死托 爱 一了 司一
尿日˜ 腻诺。

王：**Salve, il mio cognome è Wang, molto piacere.**

初次见面，我姓王，请多多关照。

sa.le.wae.yi.le.mi.ao.kao.niao.mae.ae.wang.
mol.tuo.bi.a.chae. ri˜.ae

飒了外，一了 密奥 靠尿卖 爱 王，摸了
托 比啊拆日˜爱。

尼诺：**Molto piacere.**

彼此彼此，也请您多多关照。

mol.tuo.bi.a.chae.ri˜.ae

摸了托 比啊拆日˜爱。

☺ **Il mio cognome è Wang.**

我姓王。

yi.le.mi.ao.kao.niao.mae.ae.wang

一了 密奥 靠尿卖 爱 王。

☺ **Mi chiamo Paolo.**

我叫保罗。

mi.ki.a.mo.pao.luo

咪 科一啊莫 泡罗。

☺ **Sono cinese.**

我是中国人。

suo.nuo.chi.yi.nae.zae

索诺 吃一耐在。

☺ **Sono di Pechino.**

我是北京人。

suo.nuo.di.pae.ki.nuo

索诺 迪 派科一诺。

☺ **Abito a Roma adesso.**

我现在住在罗马。

a.bi.tuo.a.ruo˜.ma.a.dae.suo

啊必托 啊 若˜吗 啊带锁。

☺ **Siamo cinque in famiglia.**

我家里有五口人。

sei.a.mo.qin.kuai.yin.fa.mi.li.a

斯一啊莫 庆快 因 发密利啊。

☺ **Ora lavoro in azienda.**

我现在在公司上班。

ao.ra~.la.wo.ruo~.yin.a.cei.an.da

奥日~啊 啦握若~ 因 啊次一按大。

☺ **Mi piace guardare la TV.**

我喜欢看电视。

mi.bi.a.chiae.guar~.da.ri~.ae.la.ti.wu

咪 比啊 吃一爱 挂日~大日~爱 啦 替物。

会话一

Mi chiamo Paolo.

我叫保罗。

mi.ki.a.mo.pao.luo

咪 科一啊莫 泡罗。

Sono Tina.

我是蒂娜。

suo.nuo.ti.na

索诺 替那。

会话二

Sei italiano? / Sei italiana?

你是意大利人吗？

sae.yi.yi.ta.li.a.nuo / sae.yi.yi.ta.li.a.na

赛一 一踏利啊诺？/ 赛一 一踏利啊呐？

No, sono cinese. E tu?

不，我是中国人，你呢？

nou.suo.nuo.chi.yi.nae.zae.ae.du

闹，索诺 吃一耐在。爱 度？

Sono italiano, mi chiamo Paolo.

我是意大利人，我叫保罗。

suo.nuo.yi.ta.li.a.nuo. mi.ki.a.mo.pao.luo

索诺 一踏利啊诺，咪 科一啊莫 泡罗。

Sono Tina, abiti a Pechino adesso?

我叫蒂娜，你现在住在北京吗？

suo.nuo.ti.na.a.bi.ti.a.pae.ki.nuo.a.dae.suo

索诺 替那，啊必替 啊 派科一诺 啊带锁？

Sì, adesso lavoro a Pechino.

是的，我现在在北京工作。

sei.a.dae.suo.la.wo.ruo~.a.pae.ki.nuo

斯一，啊带锁 啦握若~ 啊 派科一诺。

Anch'io. Di dove sei?

我也是。你老家在哪儿？

ang.kae.yi.ao.di.duo.wei.ae.sae.yi

昂开一奥。第 多唯爱 赛一？

Roma.Lei è di Pechino?

罗马。那你是北京人吗？

ruo~.ma.lae.yi.ae.di.pae.ki.nuo

50

若~吗。类一 爱 第 派<u>科一</u>诺?

No,sono di Shanghai.

不，我是上海人。

nou.suo.nuo.di.shang.hai

闹，索诺 第 上海。

Quali sono i tuoi interessi?

你的兴趣爱好是什么？

kua.li.suo.nuo.yi.du.ao.yi.yin.tae.ri~.ae.si.yi

跨里 索诺 一 度奥一 因<u>太日~爱</u> <u>斯一</u>?

Mi piace guardare la TV.

我喜欢看电视。

mi.bi.a.chiae.guar~.da.ri~.ae.la.ti.wu

咪 <u>比啊</u> 吃一爱 挂日~大日~爱 啦 替物。

到别人家拜访

☺ **Potrei venire da Lei?**

我能去贵府拜访吗？

bo.te.ri~.ae.yi.wae.ni.da.lae.yi

波特日~爱一 外腻 大 类一?

☺ **Vengo da te, va bene?**

我去你家玩儿，行吗？

wan.go.da.tae.wa.bae.nae

万高 大 太，袜 败耐?

☺ **C'è qualcuno?**

有人在吗？　　　　　　　　　（敲门时说）

chae.kual.ku.nuo

拆 夸了库诺？

☺ **Permesso?**

我可以进去吗？　　　　　　　（进门时说）

paer~.mae.suo

派日~卖索？

☺ **Avanti!**

请进！　　　　　　　　　　　（一般的说法）

a.wang.ti

啊忘替！

☺ **S'accomodi!**

请进！　　　　　　　　　　　（较谦逊的说法）

sa.kao.mo.di

撒靠莫第！

☺ **Beve un po' d'acqua?**

您喝水吗？

bae.wae.wen.po.da.kua

败外 文破 大跨？

☺ **Va bene. Grazie.**

好的。谢谢。

wa.bae.nae.ge.ra~.cei.ae

袜 败耐。个日~啊 次一耶。

☺ **Vado via.**

我走了啊。

wa.do.wei.yi.a

袜多 为一啊。

☺ **Me ne vado.**

我走了。

mae.nae.wa.do

卖 耐 袜多。

☺ **Devo andare.**

我该走了。

dae.wo.an.da.ri˜.ae

带喔 安大日˜爱。

☺ **Mi tocca andare.**

我得走了。

mi.tuo.ka.an.da.ri˜.ae

咪 托卡 安大日˜爱。

会话一

Pronto, sono Paolo.

喂，我是保罗。

pe.rong˜.tuo.suo.nuo.pao.luo

普荣˜托，索诺 泡罗。

53

意大利语翻开就说

Sono Tina. Vengo da te domani, va bene?

我是蒂娜。明天我上你家玩儿，可以吗？

suo.nuo.wan.go.da.tae.duo.ma.ni.wa.bae.nae

索诺 蒂娜。万高 大 太 多骂腻, 袜 败耐?

Certo. Ouando vuoi.

当然可以。什么时候都行。

chaer~.tuo.kuan.duo.wo.yi

拆日~托。 宽多 握一。

Allora, ci vado più o meno alle dieci di mattina.

那，我上午十点左右过去。

a.lo.ra~.qi.wa.duo.piu.o.mae.nuo.a.lae.di.ae.qi.di.
ma.ti.na

啊咯日~啊, 器 袜多 屁又 奥 卖诺 啊赖
第爱器 第 吗替呐。

Ok, a domani.

好，那明天见。

ou.kei.a.duo.ma.ni

欧尅, 啊 多骂腻。

Ciao.

再见。

chiao

吃奥。

54

会话二

C'è qualcuno?

有人在吗?

chae.kual.ku.nuo

拆 夸了库诺?

Sì. Chi è?

有。是哪位?

sei.ki.ae

斯一。科一 爱?

Sono Paolo.

我是保罗。

suo.nuo.pao.luo

索诺 泡罗。

S'accomodi!

快请进吧!

sa.kao.mo.di

撒靠莫第!

Permesso?

我可以进去吗?

paer~.mae.suo

派日~卖索?

55

Beve un po' d'acqua?

您喝水吗?

bae.wae.wen.po.da.kua

败外 文破 大跨?

Va bene. Grazie.

好的。谢谢。

wa.bae.nae.ge.ra~.cei.ae

袜 败耐。个日~啊 次一耶。

 会话三

Devo andare.

我得走了。

dae.wo.an.da.ri~.ae

带喔 安大日~爱。

Ci vediamo presto.

请再来玩儿。

qi.wae.di.a.mo.pe.ri~ae.si.tuo

气 外第啊莫 普日~爱斯托。

Perfetto, grazie.

好的,谢谢。

paer~.fae.tuo.ge.ra~.cei.ae

派日~<u>法埃</u>托，个日~<u>啊</u> <u>次一</u>耶。

Ok, ciao.

好，再见。

ou.kei.chiao

<u>欧尅</u>，<u>吃奥</u>。

☺ **Benvenuti.**

欢迎光临。　　　　　　　　　　（公司商店用语）

ban.wae.nu.ti

办外怒替。

☺ **Vorrei vedere il Signor Nino.**

我想拜见尼诺先生。

wo.ri~.ae.yi.wae.dae.ri~.ae.yi.le.sei.niaor~.ni.nuo

<u>握日~爱</u>一 外 带<u>日~爱</u> 一了 <u>斯一尿日~</u> 腻诺。

☺ **Attenda un momento, prego.**

请稍等。

a.tan.da.wen.mo.man.tuo.pu.ri~.ae.go

啊探大 文 莫慢托，<u>普日~爱</u>告。

☺ **Da questa parte, per favore.**

这边请。

da.kuai.si.ta.par~.tae.baer~.fa.wo.ri~.ae

大 快死他 怕日~太 白日~ 发我日~爱。

☺ **Perdoni il disturbo.**

对不起，打扰了。

paer~.dao.ni.yi.le.di.si.tur~.bo

派日~到腻 一了 迪死吐日~波。

☺ **Saluta il direttore generale Paolo da parte mia.**

请代我向保罗总经理问好。

sa.lu.ta.yi.le.di.ri~.ae.tuo.ri~.ae.zhae.nae.ra~.lae.
pao.luo.da. par~.tae.mi.a

撒路踏 一了 第日~爱托日~爱 债耐日~啊赖
泡罗 大 怕日~太 密啊。

🗣 **Benvenuti!**

欢迎光临！

ban.wae.nu.ti

办外怒替！

🗣 **Vorrei vedere il Signor Nino.**

我想拜见尼诺先生。

wo.ri~.ae.yi.wae.dae.ri~.ae.yi.le.sei.niaor~.ni.nuo

握日~爱一 外 带日~爱 一了 斯一尿日~
腻诺。

Attenda un momento,prego.

请稍等。

a.tan.da.wen.mo.man.tuo.pu.ri~.ae.go

啊探大 文 莫慢托，普日~爱告。

Da questa parte, per favore.

这边请。

da.kuai.si.ta.par~.tae.baer~.fa.wo.ri~.ae

大 快死他 怕日~太 白日~ 发我日~爱。

Benvenuto! Signor wang.

王先生，欢迎欢迎！

ban.wae.nu.tuo.si.niaor~.wang

办外怒托！斯一尿日~ 王。

Perdoni il disturbo.

对不起，打扰了。

paer~.dao.ni.yi.le.di.si.tur~.bo

派日~到你 一了 迪死吐日~波。

S'accomodi! Appena termino la telefonata, sono da Lei.

请坐！打完电话后，可是一直在等着您呢。

sa.kao.mo.di.a.pae.na.taer~.mi.no.la.tae.lae.

fo.na.ta.suo.nuo.da.lae.yi

撒靠莫第！啊派呐 太日~密诺 啦 太赖佛
呐踏，索诺 大 类一。

🧑 **Mi scusi. Queste sono le indicazioni di vendite della nostra società.**

太不好意思了。这是敝公司的销售指南。

mi.si.ku.zi.kuai.si.ta.suo.nuo.lae.yin.di.ka.ci.yi.
ao.nae.di.wan.di.tae.dae.la.nao.si.te.ra~.suo.chae.ta

咪 司库字一。 快死路 索诺 赖 引底咔次义
奥耐 第 万第太 带啦闹死特日~啊 索拆踏。

👩 **Ok, grazie! Me le faccia vedere. / Me le mostri.**

好，谢谢！我拜读一下。

ou.kei.ge.ra~.cei.ae.mae.lae.fa.chia.wae.dae.
rea~/ mae.lae.mo.si.te.ri~

欧尅，个日~啊 次一也！卖 赖 发吃啊 外
带日~啊。／卖 赖 莫司特日~

🧑 **Molto piacere.**

请多多关照。

mol.tuo.bi.a.chae.ri~.ae

摸了托 比啊拆日~爱。

👩 **Molto piacere. Se ci sono problemi, ci contatti.**

彼此彼此。若还有什么事情，您联系我们
就好了。

mol.tuo.bi.a.chae.ri~.ae.sae.qi.suo.nuo.pe.ruo~.
bu.lae.ma.qi.kon.ta. ti

<u>摸了托</u> <u>比啊拆日</u>~爱。 赛 气 索诺 普若~不
赖吗，器 空踏替。

🗣 **Va bene. Grazie mille!**

好的。非常感谢！

wa.bae.nae.ge.ra~.cei.ae

袜 败耐。个<u>日</u>~<u>啊</u> 次一耶 密赖。

02 告别语

 🌕010

 日常告别

☺ **Ciao.**

拜拜。

chiao

<u>吃奥</u>。

☺ **Arrivederci. / ArrivederLa.**

再见。

a.ri~.yi.wae.daer~.qi./ a.ri~.yi.wae.daer~.la.

啊<u>日</u>~一外带<u>日</u>~起／啊<u>日</u>~一外带<u>日</u>~啦。

☺ **Ci vediamo.**

下次见。

qi.wae.di.a.mo

七 外<u>底</u><u>啊</u>莫。

☺ **A dopo. / A fra poco.**

一会儿见。/ 改天见。

a.do.po. / a.fu.ra~.bo.ko.

啊 到破/啊 福日~啊 报考。

☺ **A domani.**

明天见。

a.duo.ma.ni

阿 多骂腻。

☺ **A presto.**

过几天再见。

a.pe.ri~.ae.si.duo

阿 普日~爱司多。

☺ **Riguardati!**

保重身体!

ri~.yi.guar~.da.ti

日~一 挂日~ 大 踢!

 会话

Sono a casa. Ciao!

我到家了。再见!

suo.nuo.a.ka.za.chiao

索诺 啊 卡咋。吃奥!

Ciao!

拜拜！

chiao

吃奥！

☺ **Perdoni il disturbo.**

打扰您了。

paer~.dao.ni.yi.le.di.si.tur~.bo

派日~到你 一 了 迪死吐日~波。

☺ **Devo andare.**

我该告辞了。

dae.wo.an.da.ri~.ae

带喔 安大日~爱。

☺ **Vengo a trovarti presto.**

下次再来拜访您。

wan.go.a.te.ruo~.wa.ri.ti.pe.rae~

万高 啊 特若~袜日替 普日~爱司托。

☺ **Grazie per l'ospitalità.**

谢谢您的热忱款待。

ge.ra~.cei.ae.paer~.lao.si.pi.ta. li.ta

个日~啊 次一耶 派日~ 烙斯屁踏利踏。

意大利语翻开就说

 会话

🟤 **Devo andare.**

我该告辞了。

dae.wo.an.da.ri~.ae

带喔 安大日~爱。

🟣 **Sì?**

是吗？/这样啊……

sei

斯一?

🟤 **Grazie per l'ospitalità.**

谢谢您的热忱款待。

ge.ra~.cei.ae.paer~.lao.si.pi.ta.li.ta

个日~啊 次一耶 派日~ 烙斯屁踏利踏。

🟣 **Venga la prossima volta.**

请您下次一定要再来。

wan.ga.la.pe.ruo~.sei.ma.wol.ta

万嘎 啦 普若~斯一吗 握了踏。

🌿 约定下次再相见

☺ **Ci vediamo la prossima volta.**

下次再见面吧。

64

qi.wae.di.a.mo.la.pe.ruo~.sei.ma.wol.ta

七 外底啊莫 啦 普若~斯一吗 握了踏。

☺ Sei libero domenica prossima?

下周日有时间吗?

sei.li.bae.ruo~.do.mae.ni.ca.pro~.si.ma

赛一 利败若~ 多卖你咔 普若~斯一吗?

☺ Sei libero domani?

明天有空吗?

sei.li.bae.ro~.do.ma.ni

赛一 利白若~ 多骂你?

☺ Hai tempo?

有时间吗?

a.yi.daem.po

啊一 但破?

☺ Pranziamo insieme dopo il lavoro .

下班后一起去吃饭吧。

pe.rang~.ci.yi.a.mo.yin.si.yi.ae.mae.dao.po.yi.
le.la.wo.ro~

普让~ 次一啊莫 因斯一爱卖 到破 一了 啦
握若~。

☺ Quando puoi?

什么时候方便呢?

意大利语翻开就说

kuang.duo.bo.yi

筐多 波一？

☺ **Che fai oggi pomeriggio?**

你今天下午做什么呢？

kai.fa.yi.ao.zhi.yi.bo.mae.ri˜.yi.zhuo

开 <u>发一</u> 奥之一 波卖日˜一桌？

☺ **Che programmi hai per domani pomeriggio?**

你明天下午有什么计划吗？

kae.pe.ruo˜.ge.ra˜.mi.a.yi.baer˜.duo.ma.ni.
bo.mae.ri˜.yi. zhuo

开 普若˜个日˜啊咪 啊衣 <u>白日˜</u> 多骂你 波卖
日˜一桌？

☺ **Perfetto.**

好极了。

baer˜.fae.tuo

<u>白日˜</u> 法埃 托。

☺ **Va bene tutto.**

都可以。

wa.bae.nae.du.tuo

袜 白耐 度托。

☺ **Nessun problema.**

没问题。

nae.sun.pe.ruo~.be.lae.ma

耐孙 普若~不赖吗。

☺ Volentieri.

乐意奉陪。

wo.len.ti.ae.ri~.yi

我冷踢爱日~一。

☺ Con piacere.

非常乐意。

kon.bi.a.chai.ri~.ae

空 比啊拆日~爱。

☺ Ci sarò.

我一定出席。

qi.sa.ruo~

气 撒若~。

☺ Arrivo.

我一定到。

a.ri~.yi.wo

啊日~一喔。

☺ Arriverò in tempo.

我会准时到的。

a.ri~.yi.wae.ruo~.yin.dam.po

啊日~一外若~ 因 但破。

67

会话

Sei libero domani?

明天有空吗?

sei.li.bae.ro~.do.ma.ni

<u>赛一</u> 利白若~ 多骂你?

Alla prossima.

下次再见面吧。

a.la.pe.ruo~.sei.ma

啊 啦 普若~<u>斯一</u>吗。

Quando vuoi.

嗯。我什么时候都行。

kuang.duo.wo.yi

筐 多 喔一。

Sono libero dopo domani.

后天我有空。

suo.nuo.li.bae.ruo~.dao.po.duo.ma.ni

索诺 利败若~ 到破 剁骂你。

Ci vediamo dopo domani.

我们后天见面吧。

qi.wae.di.a.mo.dao.po.duo.ma.ni

68

七 外底啊莫 到破 剁骂你。

🗣 Perfetto.

好极了。

baer~.fae.tuo

白日~ 法埃 托。

🗣 Arriverò in Tempo.

我会准时到的。

a.ri~.yi.wae.ruo~.yin.dam.po

啊日~一外若~ 因 但破。

🌳 探访完病人时

☺ Riguardati!

保重身体!

ri~.yi.guar~.da.ti

日~一 挂日~ 大 踢!

☺ Guarisci presto.

祝您早日康复。

gua.ri~.yi.shi.yi.pe.rae~.si.tuo

挂日~一是一 普日~爱司托。

☺ Riguardati!

你要保重身体!

ri~.yi.guar~.da.ti

日~一挂日~大替！

☺ **Verrò a trovarla presto.**

我下次再来探望您。

wae.ruo~.a.te.ruo~.war~.la.pe.rae~.si.tuo

外若~ 啊 特若~袜日~啦 普日~爱司托。

Paolo, come stai?

保罗，身体怎么样了？

pao.lo.kao.mae.si.ta.yi

泡罗，靠卖 司踏一？

Sto bene. Grazie.

我还不错。谢谢。

si.tuo.bae.nae.ge.ra~.ci.ae

司托 败耐。戈日~啊 次耶。

Guarisci presto.

祝你早日康复。

gua.ri~.yi.shi.yi.pe.rae~.si.tuo

挂日~一是一 普日~爱司托。

Grazie.

谢谢。

ge.ra~.ci.ae

戈日~啊 次耶。

Riguardati!

你要保重身体！

ri~.yi.guar~.da.ti

日~一挂日~大替！

Verrò a trovarla presto.

我下次再来探望您。

wae.ruo~.a.te.ruo~.war~.la.pe.rae~.si.tuo

外若~ 啊 特若~袜日~啦 普日~爱司托。

要分离很久时

☺ **Arricederci.**

再见。

a.ri~.yi.wae.daer~.qi

啊日~一外带日~气。

☺ **Addio a tutti.**

我是来跟你们告别的。

a.di.ao.a.du.ti.

啊第奥 啊 度替。

☺ **Dico addio per l'ultima volta.**

我最后一次告别。

di.kao.a.di.ao.paer~.lu.ti.ma.wol.ta

第靠 啊第奥 派日~ 路替吗 握了踏。

☺ **Buona fortuna.**

祝你好运。

bon.na.for~.du.na

波恩呐 佛日~度呐。

☺ **Tanti auguri a te.**

祝你一切顺利。

dan.ti.ao.gu.ri~.yi.a.tae

单踢 奥故日~一 啊 太。

☺ **Le auspico un esito felice.**

祝愿您一切顺利。

lae.ao.si.pi.ko.wen.ae.zei.tuo.fae.li.chai

来 奥斯屁考 文 爱贼托 法埃利拆。

☺ **Vi auguro un buon viaggio.**

祝您一路平安。

wei.aw.gu.ruo~.wen.bon.wei.a.zhuo

为 奥物故托~ 文 波恩 为啊桌。

会话

🗣 **Torno a casa.**

我要回国了。

tuo.ri˜.nuo.a.ka.za

多日˜呐 啊 卡咋。

Addio a tutti.

我是来跟你们告别的。

a.di.ao.a.du.ti

啊第奥 啊 度替。

Tanti auguri a te.

祝你一切顺利。

dan.ti.ao.gu.ri˜.yi.a.tae

单踢 奥故日˜一 啊 太。

Grazie.

谢谢。

ge.ra˜.ci.ae

戈日˜啊 次耶。

Vi auguro un buon viaggio.

祝你一路平安

wei.aw.gu.ruo˜.wen.bon.wei.a.zhuo

为 奥物故托˜ 文 波恩 为啊桌。

Dico addio per l'ultima volta.

我最后一次告别。

di.kao.a.di.ao.paer˜.lu.ti.ma.wol.ta

第靠 啊第奥 派日~ 路替吗 握了踏。

 **Addio.**

再见。

a.di.ao

啊第奥。

03 祝贺语

🌐 011

🌳 日常祝贺语

☺ **Ti faccio i miei migliori auguri.**

我向你致以最美好的祝愿。

di.fa.chiao.yi.mi.ae.yi.mi.liao.ri~.yi.ao.gu.ri~.yi

迪 发吃一奥 一 咪爱一 咪聊日~一 奥故日~二。

☺ **In bocca al lupo.**

祝你成功。

yin.bo.ka.a.lu.po

因 波咔 啊 路破。

☺ **Complimenti!**

祝贺你!

kom.pli.man.ti

74

空普利慢踢!

☺ Congratulazioni!

祝贺你呀!

kon.ge.ra~.du.la.ci.yi.ao.ni

空戈日~啊嘟啦次一奥你!

☺ Tanti auguri!

祝贺你了!

dan.ti.ao.gu.ri~.yi

单踢 奥故日~一!

☺ Ti auguro ogni felicità.

祝你一切幸福。

di.ao.gu.ro~.ao.ni.fae.li.qi.ta

迪 奥故若~ 奥你 法埃里七踏。

☺ Tanti auguri a te!

祝你生日快乐!

dan.ti.ao.gu.ri~.yi.a.tae

单踢 奥故日~一 啊 太!

☺ Tanti auguri per il vostro matrimonio.

祝你新婚快乐。

dan.ti.ao.gu.ri~.yi.paer~.yi.le.wo.si.te.ruo~.ma.te.
ri~.yi.mo.niao

单替 奥物故日~一 派日~ 一了 喔司特若~ 吗
特日~一莫尿。

☺ **Buone vacanze!**

祝你假期愉快。

bo.nae.wa.kang.cae

波耐 袜抗菜。

👤 **Tanti auguri a te!**

祝你生日快乐!

dan.ti.ao.gu.ri~.yi.a.tae

单踢 奥故日~一 啊 太!

👤 **Grazie.**

谢谢。

ge.ra~.ci.ae

戈日~啊 次耶。

节日祝贺语

☺ **Buon Anno.**

新年好。

bon.a.nuo

波恩 啊诺。

☺ **Felice Anno Nuovo.**

新年快乐。

fae.li.chai.a.nuo.nu.ao.wo

法埃利拆 啊诺 怒奥喔。

☺ **Buon Natale.**

圣诞快乐。

bon.na.ta.lae

波恩 呐踏赖。

☺ **Buone feste.**

节日快乐。

bon.nae.fae.si.tae

波恩呐 法埃司他。

会话

Felice Anno Nuovo.

新年快乐。

fae.li.chai.a.nuo.nu.ao.wo

法埃利拆 啊诺 怒奥喔。

Buon Anno.

新年快乐。

bon.a.nuo

波恩 啊诺。

---

04 感谢、道歉 012

 日常感谢语

☺ **Grazie.**

谢谢。

ge.ra~.ci.ae

戈日~啊 次一耶。

☺ **Molte grazie!**

十分感谢！

mol.tae.ge.ra~.ci.yi.ae

莫了太 个日~啊次一爱！

☺ **Grazie mille!**

非常感谢！

ge.ra~.ci.ae.mi.lai

戈日~啊 次耶 密赖！

☺ **Grazie tante!**

太感谢了！

ge.ra~.ci.ae.dang.tae

戈日~啊 次耶 荡太！

☺ **Sono molto grato! / Sono molto grata!**

很感激！

suo.nuo.mol.tuo.ge.ra~.tuo / suo.nuo.mol.tuo.

ge.ra~.ta

索诺 莫了托 个日~啊托！/索诺 莫了托 个日~啊塔！

☺ **Ha fatto tanto per me!**

您为我做得太多了！

a.fa.tuo.dang.tuo.paer~.me

啊 发托 当托 派日~ 卖！

☺ **Lei è molto gentile con me!**

您对我太好了！

lae.yi.ae.mo.le.tuo.zhan.ti.lae.kon.mae

赖一 爱 莫了托 詹替来 空 卖！

☺ **La ringrazio per la Sua gentilezza!**

我非常感谢您的好意！

la.ri~.yin.ge.ra~.ci.yi.ao.baer~.la.su.a.zhan.ti.lae.ca

啦 日~因个日~啊 次一奥 白日~ 啦 苏啊 詹踢来擦！

☺ **Grazie di tutto.**

感谢多方关照。

ge.ra~.ci.ae.di.du.tuo

戈日~啊 次耶 迪 度托。

☺ **Grazie a Lei.**

托您的福。

ge.ra~.ci.ae.a.lai.yi

戈日~啊 次耶 啊 来一。

☺ **Grazie per il suo interesse.**

多谢您一直以来的照顾。

ge.ra~.ci.ae.baer~.yi.le.su.ao.yin.tae.rae~.sae

戈日~啊 次耶 白日~ 一了 速奥 因太日~爱
赛。

Questo è il tuo regalo di compleanno.

这是我送你的生日礼物。

kuai.si.tuo.ae.yi.le.du.ao.ri~.ae.ga.lo.di.kom.
pe.lae.a.nuo

快死托 爱 一了 度奥 日~爱嘎咯 第 空么
普赖啊诺。

Grazie.

谢谢。

ge.ra~.ci.ae

戈日~啊 次一耶。

Prego.

不用谢。

pe.ri~.ae.gao

普日~爱告。

接受别人帮助时

☺ **Mi scusi per il disturbo.**

给您添麻烦了。

mi.si.ku.zi.yi.baer~.yi.le.di.si.tur~.bo

咪 司库字一 白日~ 一了 迪司吐日~波。

☺ **Mi hai fatto un gran favore!**

你帮了我大忙!

mi.a.yi.fa.tuo.wen.ge.rang~.fa.wo.ri~.ae

咪 阿一 发托 文 哥让~ 发握 日~爱!

☺ **Grazie per il Suo aiuto!**

感谢您的帮助!

ge.ra~.ci.ae.paer~.yi.le.su.ao.a.you.tuo

戈日~啊 次耶 派日~ 一了 苏奥 啊又托!

会话

👤 **Grazie per il Suo aiuto!**

感谢您的帮助!

ge.ra~.ci.ae.paer~.yi.le.su.ao.a.you.tuo

戈日~啊 次耶 派日~ 一了 苏奥 啊又托!

👤 **Prego.**

不用谢。

pe.ri~.ae.gao

普日~爱告。

☺ **Mi dispiace.**

很抱歉。

mi.di.si.bi.a.chai

咪 迪司比啊拆。

☺ **Mi dispiace molto.**

真是太对不起了。

mi.di.si.bi.a.chai.mol.tuo

咪 迪司比啊拆 莫了托。

☺ **Chiedo scusa.**

不好意思啊。

ki.ae.do.si.ku.za

科一爱到 司库咋。

☺ **Mi scusi.**

非常抱歉。

mi.si.ku.zi

咪 司库字一。

☺ **Scusami.**

很抱歉。

si.ku.za.mi

司库咋咪。

☺ **Scusi.**

对不起/劳驾。

si.ku.zi

司库字一。

☺ **È colpa mia.**

是我不好。

ae.kao.le.pa.mi.a

爱 靠了趴 咪啊。

☺ **Mi perdoni.**

请原谅我。

mi.baer~.do.ni

咪 白日~到你。

会话一

Scusami. Sono in ritardo.

对不起，我迟到了。

si.ku.za.mi.suo.nuo.yin.ri~.dar~.duo

司库咋咪。索诺 因 日~一大日~多。

Non fa niente.

嗯，没关系。

non.fa.ni.an.tae

诺恩 发 腻按太。

Scusa, stai bene?

不好意思，没事吧？

si.ku.za.si.ta.yi.bae.nae

司库咋，司踏一 败耐？

Non fa niente, sto bene.

没事儿，我没事。

non.fa.ni.an.tae.si.to.bae.nae

诺恩 发 腻按太，司托 败耐。

让别人久等时

☺ **Grazie per l'attesa.**

感谢您的耐心等待。

ge.ra~.cei.ae.paer~.la.tae.za

个日~啊 次一耶 派日~ 啦太咋。

☺ **Mi dispiace di averti fatto aspettare.**

对不起，让你久等了。

mi.dis.bi.a.chae.di.a.waer~.di.fa.tuo.a.si.pae.ta.ri~.ae

咪 第四必啊拆 第 啊外日~第 发托 啊司派踏
日~爱。

🧑 **Mi dispiace di averti fatto aspettare.**

对不起，让你久等了。

mi.dis.bi.a.chae.di.a.waer~.di.fa.tuo.a.si.pae.ta.ri~.ae

咪 第四必啊拆 第 啊外日~第 发托 啊司派踏日~爱。

👩 **Lascia perdere, andiamo.**

算了，我们走吧。

la.shia.paer~.dae.ri~.ae.an.di.a.mo

辣是啊 派日~带日~爱， 按第啊莫。

请求

013

☺ **Per favore.**

麻烦您了。

baer~.fa.wo.ri~.ae

白日~ 发握日~爱。

☺ **Mi scusi per il disturbo.**

给您添麻烦了。

mi.si.ku.zi.yi.baer~.yi.le.di.si.tur~.bo

咪 司库字一 白日~ 一了 迪司吐日~波。

☺ Mi perdoni per favore.

饶了我吧。

mi.baer~.do.ni.baer~.fa.wo.ri~.ae

咪 白日~到你 白日~ 发握日~爱。

☺ Ti posso chiedere una cortesia?

我能请你帮个忙吗？

di.bao.sao.ki.ae.dae.ri~.ae.wu.na.kor~.tae.si.yi.a

迪 抱扫 科一爱带日~爱 物呐 靠日~太斯一啊？

☺ Ti posso chiedere un favore?

你能帮我个忙吗？

di.bao.sao.ki.ae.dae.ri~.ae.wen.fa.wo.ri~.ae

迪 抱扫 科一爱带日~爱 文 发握日~爱？

☺ Posso chiederti un favore?

我可以请求你帮我个忙吗？

bao.sao.ki.ae.daer~.di.wen.fa.wo.ri~.ae

抱扫 科一爱带日~爱 迪 文 发握日~爱？

☺ Mi faresti un piacere?

你能帮帮我吗？

mi.fa.ri~.ae.si.di.wen.bi.a.chai.ri~.ae

咪 发日~爱司迪 文 比啊拆日~爱？

☺ **Puoi darmi una mano?**

可以帮我个忙吗？

bo.yi.dar~.mi.wu.na.ma.nuo

波一 大日~咪 物呐 骂诺？

☺ **Ti dispiace darmi una mano?**

你可以帮帮我吗？

di.di.si.bi.a.chi.ae.dar~.mi.wu.na.ma.nuo

迪 迪斯比啊痴爱 大日~咪 物呐 骂诺？

☺ **Ti dispiace darmi una mano?**

你可以帮帮我吗？

di.di.si.bi.a.chi.ae.dar~.mi.wu.na.ma.nuo

迪 迪斯比啊痴爱 大日~咪 物呐 骂诺？

☺ **Potresti aiudarmi?**

能麻烦你帮帮我吗？

bo.te.ri~.ae.si.di.a.you.dar~.mi

波特日~爱司迪 啊又大日~咪？

☺ **Mi daresti una mano?**

你能给我搭把手吗？

mi.da.ri~.ae.si.di.wu.na.ma.nuo

咪 大日~爱司迪 物呐 骂诺？

☺ **Mi aiuteresti?**

能麻烦你帮我个忙吗？

mi.a.you.dae.ri~.ae.si.di

咪 啊有带日~爱司迪？

☺ **Posso chiederti una cosa?**

我能问你一件事吗？

bao.sao.ki.ae.daer~.di.wu.na.kao.za

抱扫 科一爱带日~迪 物呐 靠咋？

☺ **Potrei farti una domanda?**

我有件事能问你吗？

bo.te.ri~.ae.yi.far~.di.wu.na.duo.mang.da

波特日~爱一 发日~第 物呐 多忙大？

☺ **Vorrei chiederti una cosa.**

我想问你一件事。

wo.ri~.ae.yi.ki.ae.daer~.di.wu.na.kao.za

握日~爱一 科一爱带日~迪 物呐 靠咋。

☺ **Vorrei farti una domanda.**

我有一件事想问你。

wo.ri~.ae.yi.far~.di.wu.na.duo.mang.da

握日~爱一 发日~迪 物呐 多忙大。

☺ **Aiutami.**

请帮帮我。

a.you.da.mi

啊又大咪。

☺ **Potresti prestarmelo?**

可以借我用一下吗？

bo.te.ri~.ae.si.di.pe.ri~.ae.si.dar~.mae.lo

波特<u>日</u>~爱司迪 普<u>日</u>~爱司<u>大日</u>~卖咯?

☺ **Per favore trova una soluzione.**

请你想想办法。

baer~.fa.wo.rae~.te.ruo~.wa.wu.na.suo.lu.ci.yi.ao.nae

败日~ 发喔日~爱 特若~袜 物呐 索路次一奥耐。

☺ **Per favore.**

拜托了。

baer~.fa.wo.ri~.ae

<u>白日</u>~ 发我<u>日</u>~爱。

会话

🧑 **Posso chiederti un favore?**

我可以请求你帮我个忙吗?

bao.sao.ki.ae.daer~.di.wen.fa.wo.ri~.ae

抱扫 <u>科一</u>爱带<u>日</u>~爱 迪 文 发握<u>日</u>~爱?

👩 **Certo!**

好的 / 当然可以!

chaer~.tuo

拆日~托!

🧑 **Mi scusi per il disturbo.**

给你添麻烦了。

mi.si.ku.zi.yi.baer~.yi.le.di.si.tur~.bo

咪 司库字一 白日˜ 一了 迪司吐日˜波。

Prego!

没关系 / 别客气!

pe.ri~.ae.go

普日˜爱告。

 请别人等待时

☺ **Aspetta.**

稍等下。　　　　　　　　　　　（关系亲密）

a.si.pae.ta

啊司派踏。

☺ **Attenda un momento,prego.**

请稍等。

a.tan.da.wen.mo.man.tuo.pu.ri~.ae.go

啊探大 文 莫慢托，普日˜爱高。

☺ **Si prega di attendere un momento.**

请等一下。

sei.pe.ri~.ae.ga.di.a.tan.dae.ri~.ae.wen.mo.man.tuo

斯一 普日˜爱嘎 第 啊探带日˜爱 文 莫慢托。

☺ **Aspetti un attimo.**

那您稍等一会儿。

90

a.si.pae.ti.wen.a.ti.mo

啊司派替 文 啊替莫。

🗣 **Nino, sbrigati!**

尼诺，快点儿!

ni.nuo.si.be.ri~.yi.ga.ti

腻诺， 字不日~一嘎替!

🗣 **Aspetta.**

稍微等下我。

a.si.pae.ta

啊司派踏。

🗣 **Una bottiglia di birra, per favore.**

请来瓶啤酒。

wu.na.bo.ti.li.a.di.bi.ra~.paer~.fa.wo.ri~.ae

物呐 波替利啊 第 必日~啊，派日~ 发握
日~爱。

🗣 **Aspetti un attimo.**

那您稍等一会儿。

---

a.si.pae.ti.wen.a.ti.mo

啊司派替 文 啊替莫。

请求对方允许

☺ **Mi lasci andare, per favore.**

请让我去。

mi.la.shi.yi.an.da.ri~.ae. paer~.fa.wo.ri~.ae

咪 啦是一 按大日~爱，派日~ 发握日~爱。

☺ **Mi lasci fare, per favore.**

请让我做。

mi.la.shi.yi.fa.rae. paer~.fa.wo.ri~.ae

咪 啦是一 发日~爱，派日~ 发握日~爱。

☺ **Puoi lasciarmi fare?**

能让我做吗？

bo.yi.la.shiar~.mi.fa.rae

波一 啦是啊日~咪 发日~爱？

☺ **Mi lasci andare, per favore.**

请让我去。

mi.la.shi.yi.an.da.ri~.ae. paer~.fa.wo.ri~.ae

咪 啦是一 安大日~爱 ，派日~ 发握日~爱。

☺ **Posso andarci?**

我去的话行吗？

bo.suo.an.dar~.qi

波索 按大日~器？

☺ **Permette che mi presenti.**

请允许我进行自我介绍。

92

baer~.mae.tae.kae.mi.pe.ri~.ae.zaen.ti

<u>白日</u>~卖太 开 咪 普<u>日</u>~爱赞体。

会话

Direttore, mi lasci fare, per favore.

经理,这件事请让我做吧。

di.ri~.ae.tuo.ri~.ae.mi.la.shi.yi.fa.rae.paer~.
fa.wo. ri~.ae

<u>第日</u>~爱托<u>日</u>~爱, 咪 啦<u>是一</u> 发<u>日</u>~爱,派
<u>日</u>~ 发握<u>日</u>~爱。

Benissimo,grazie.

好,谢谢了。

bae.ni.sei.mo. ge.ra~.cei.ae

败腻斯<u>一</u>莫, 戈<u>日</u>~啊 次耶。

Prego.

包在我身上。

pe.ri~.ae.go

普<u>日</u>~爱告。

06 答复

●014

肯定的答复

☺ **Va bene.**

好的。

wa.bae.nae

袜 败耐。

☺ **Va benissimo.**

太好了。

wa.bae.ni.si.yi.mo

袜 败腻斯一莫。

☺ **Benissimo.**

好极了。

bae.ni.si.yi.mo

败腻斯一莫。

☺ **Perfetto.**

好棒啊。

paer~.fae.tuo

派日~法埃托。

☺ **Perfettissimo.**

棒极了。

paer~.fae.ti.si.yi.mo

派日~法埃替斯一莫。

☺ **Perfettamente.**

太棒了。

paer~.fae.ta.man.tae

派日~法埃踏慢太。

☺ **Certo.**

当然可以。

chaer~.tuo

拆日~托。

☺ **Certamente.**

当然当然。

chaer~.ta.man.tae

拆日~踏慢太。

☺ **Bravo.**

真棒。

be.ra~.wo

不日~啊握。

☺ **Bravissimo.**

太棒了。

be.ra~.wi.si.yi.mo

不日~啊为斯一莫。

☺ **Ok.**

好的。

ou.kei

欧尅。

☺ **Sì.**

是的。

sei.

斯一。

☺ **Beh.**

嗯。

bae

败。

☺ **D'accordo.**

赞成。

da.kaor˜.duo

大靠日˜多。

☺ **Buona idea!**

好主意!

bon.na.yi.dae.a

波恩呐 一带啊!

☺ **Andiamo.**

走吧。

an.di.a.mo

按第啊莫。

☺ **Facciamo.**

干吧。

fa.chia.mo

发吃啊莫。

☺ **Mangiamo.**

干吧。

man.zha.mo

慢至啊莫。

Nino, andiamo a fare shopping domani!

尼诺，明天一起去购物吧！

ni.nuo. an.di.a.mo.a.fa.ri~ae.shao.ping.duo.ma.ni

腻诺，按第啊莫 啊 发日~爱 烧瓶 多骂你！

Fantastic.

太棒了。

fang.ta.si.ti.ko

放踏司替扣。

Questa è la Grande Muraglia! Che spettacolo!

这就是万里长城吧！真壮观啊！

kuai.si.ta.ae.la.ge.rang~.dae.mu.ra~.li.a.kae.
si.pae. da.kao.lo

快死他 爱 啦 个让~带 木日~啊利啊！开
司派大靠洛。

Sì, davvero.

嗯，可不是嘛。

sei.da.wae.ruo~

斯一，大外若~。

会话三

Andiamo a fare un picnic!

我们去野餐吧!

an.di.a.mo.a.fa.ri~.ae.wen.pi.ke.ni.ke

按第啊莫 啊 发日~爱 文 屁克腻克!

Buona idea!

好主意!

bon.na.yi.dae.a

波恩呐 一带啊!

🌳 否定的答复

☺ **No.**

不。

nou

闹。

☺ **Non è…**

不是……

non.ae

诺恩 爱……

☺ **Non è così.**

不是这样的。

non.ae.kao.zei

诺恩 爱 靠贼。

☺ **Non sono…**

我不是……

non.suo.nuo

诺恩 索诺……

☺ **Non va bene.**

不怎么样。

non.wa.bae.nae

诺恩 袜败耐。

☺ **Va male.**

不怎么样。

wa.ma.lae

袜 骂赖。

☺ **Con molto dispiacere.**

很遗憾。

kon.mol.tuo.dis.bi.a.chae.ri˜.ae

空 莫了托 第四必啊拆日˜爱。

☺ **È un vero peccato.**

真遗憾。

ae.wen.wae.ruo˜.bae.ka.tuo

爱 文 外若˜ 败卡托。

☺ **Mi oppongo!**

我反对!

mi.ao.pon.gao

咪 奥破恩告!

☺ **È sbagliato.**

不对。

ae.zi.ba.li.a.tuo

爱 字霸利啊托。

☺ **Non è giusto.**

不对。

non.ae.zhu.si.tuo

诺恩 爱 祝司托。

会话一

> 🗣 **Com'è questo vestito?**
>
> 这件衣服怎么样?
>
> kao.mae.kuai.si.tuo.wae.si.ti.ti
>
> 靠卖 爱 快死托 外司替替。
>
> 🗣 **Non va bene.**
>
> 不怎么样。
>
> non.wa.bae.nae
>
> 诺恩 袜败耐。

会话二

> 🗣 **Sei italiano? / Sei italiana?**
>
> 你是意大利人吗?

sae.yi.yi.ta.li.a.nuo / sae.yi.yi.ta.li.a.na

赛一一踏利啊诺？/赛一一踏利啊呐？

No, sono cinese.

不，我是中国人。

nou.suo.nuo.chi.yi.nae.zae.

闹，索诺 吃一耐在。

Nessuno ha qualcosa da obiettare?

有人有什么异议吗？

nae.su.nuo.a.kua.le.kao.za.da.ao.bi.ae.ta.ri~.ae

耐速诺 啊 跨了靠咋 大 奥必爱踏日~爱？

Su questa proposta possiamo obiettare.

对这个建议我们有不同的意见。

su.kuai.si.ta.pe.ruo~.po.si.ta.bo.sei.a.mo.ao.bi.
ae.ta. ri~.ae

苏 快死他 普若~破司他 波斯一啊莫 奥必
爱踏日~爱。

**È una soluzione che mal risponderebbe alle
nostre necessità.**

这个解决方案不符合我们的需要。

ae.wu.na.suo.lu.ci.yi.ao.nae.kae.mal.ri~.yi.si.
pon.dae.ri~.ae.bae.a.lae.nuo.si.te.ri~.ae.nae.
chae.sei.ta

爱 物呐 索路次一奥耐 开 骂了 日~一司
破恩带日~爱败啊赖 诺司特日~爱 耐拆斯
一踏。

Non ho nulla da opporre.

我没有什么反对意见。

non.ao.nu.la.da.ao.po.ri~.ae

诺恩 奥 怒啦 大 奥破日~爱。

听不懂意大利语时

☺ **Non capisco.**

我不明白。

non.ka.pi.si.kao

诺恩 卡屁司考。

☺ **Non ho capito.**

我没明白。

non.ao.ka.pi.to

诺恩 奥 卡屁托。

☺ **Non ho sentito bene.**

没听清。

non.ao.san.di.to.bae.nae

诺恩 奥 散替托 败耐。

☺ **Cosa vuoi dire?**

你什么意思？

kao.za.wo.yi.di.ri~.ae

靠咋 握一 第日~爱？

☺ **Cosa vuoi dire?**

你这是什么意思？

kao.za.wo.yi.di.ri~.ae

靠咋 握一 第日~爱？

☺ **Ripeti, per favore!**

请再说一遍。

ri~.yi.pae.ti.baer~.fa.wo.rae

日~一派替，败日~ 发喔日~爱！

☺ **Non capisco niente.**

我完全不懂。

non.ka.pi.si.kao.ni.an.tae

诺恩 卡屁司考 腻按太。

会话一

👦 **Qui è vietato entrare.**

这里禁止进入。

kui.ae.wei.ae.ta.tuo.an.te.ra~.ri~.ae

亏 爱 为爱踏托 按特日~啊 日~爱。

👦 **Non ho capito.**

我没明白。

103

non.ao.ka.pi.to

诺恩 奥 卡屁托。

🧑 **Che vuol dire "Non entrare".**

就是 "别进来" 的意思。

kae.wol.di.ri~.ae.non.an.te.ra~.ri~.ae

开 握了 第日~爱 诺恩 按特日~啊 日~爱。

👩 **Lo so.**

啊，知道了。

lo.so

略索。

会话二

🧑 **Salve, qui è vietato fumare.**

你好，这里禁烟。

sal.wae.kui.ae.wei.ae.ta.tuo.fu.ma.ri~.ae

撒了外，亏 爱 为爱踏托 夫骂日~爱。

👩 **Mi dispiace, non ho sentito bene.**

对不起，我没有听清楚。

mi.dis.bi.a.chae.non.ao.san.di.to.bae.nae

咪 第四必啊拆，诺恩 奥 散第托 败耐。

🧑 **Si prega di non fumare.**

请不要抽烟。

sei.pe.ri~.ae.ga.di.non.fu.ma.ri~.ae

斯一 普日~爱嘎 第 诺恩 夫骂日~爱。

Mi dispiace molto.

真是太抱歉了。

mi.di.si.bi.a.chai.mol.tuo

咪 迪司比啊拆 莫了托。

 告诉对方自己不会意大利语

☺ **Non capisco l'italiano.**

我不懂意大利语。

non.ka.pi.si.kao.li.ta.li.a.nuo

诺恩 卡屁司考 利踏利啊诺。

☺ **Non parlo l'italiano.**

我不会说意大利语。

non.bar~.lo.li.ta.li.a.nuo

诺恩 霸日~咯 利踏利啊诺。

☺ **Non posso parlare in taliano.**

我不能用意大利语聊天。

non.bo.suo.bar~.la.ri~.ae.yin.yi.ta.li.a.nuo

诺恩 波索 霸日~辣日~爱 因 一踏利啊诺。

 会话

Parli italiano?

你会说意大利语吗?

bar~.li.yi.ta.li.a.nuo

霸日~利 一踏利啊诺？

🗣 **Scusi, non parlo italiano.**

不好意思，我不会说意大利语。

si.ku.zei.non.bar~.lo.yi.ta.li.a.nuo

四库贼，诺恩 霸日~咯 一踏利啊诺。

08 邀请、婉拒

☺ **Andiamo a ballare!**

我们去参加舞会吧！

an.di.a.mo.a.ba.la.rae~

按第啊莫 啊 霸辣日~爱！

☺ **Vai a ballare?**

你去参加舞会吗？

wa.yi.a.ba.la.rae~

袜一 啊 霸辣日~爱？

☺ **Non vai a ballare?**

你不去舞会吗？

non.wa.yi.a.ba.la.rae~

诺恩 袜一 啊 霸辣日~爱？

☺ **Non andiamo a ballare?**

我们不去舞会吗？

non.an.di.a.mo.a.ba.la.rae~

诺恩 按第啊莫 啊 霸辣日~爱？

☺ **Può partecipare alla riunione?**

您能参加会议吗？

bo.par~.tae.qi.pa.ri~.ae.a.la.ri~.wu.ni.ao.nae

波 怕日~太器怕日~爱 啊啦 日~一物腻奥耐？

☺ **Non può partecipare alla riunione?**

您不能参加会议吗？

non.bo.par~.tae.qi.pa.ri~.ae.a.la.ri~.wu.ni.ao.nae

诺嗯 波 怕日~太器怕日~爱 啊啦 日~一物腻
奥耐？

☺ **Puoi partecipare alla riunione?**

你能参加会议吗？

bo.yi.par~.tae.qi.pa.ri~.ae.a.la.ri~.wu.ni.ao.nae

波一 怕日~太器怕日~爱 啊啦 日~一物腻奥耐？

☺ **Non puoi partecipare alla riunione?**

你不能参加会议吗？

non.bo.yi.par~.tae.qi.pa.ri~.ae.a.la.ri~.wu.ni.ao.nae

诺嗯 波一 怕日~太器怕日~爱 啊啦 日~一物
腻奥耐？

☺ **Posso invitarLa ad assistere alla conferenza?**

能请您出席讲座吗？

bo.suo.yin.wei.tar~.la.a.de.a.sei.si.tae.ri~.ae.a.la.

kon.fae. ran~.ca

波索 因位踏日~啦 啊的 啊斯一司太日~爱 啊啦 空法埃然~嚓？

☺ **Non può assistere alla conferenza?**

您不能出席讲座吗？

non.bo.a.de.a.sei.si.tae.ri~.ae.a.la.kon.fae.ran~.ca

诺恩 波 啊斯一司太日~爱 啊啦 空法埃然~嚓？

☺ **Può partecipare alla conferenza?**

您能参加讲座吗？

bo.par~.tae.qi.pa.ri~.ae.a.la.kon.fae.ran~.ca

波 怕日~太器怕日~爱 啊啦 空法埃然~嚓？

☺ **Non può partecipare alla conferenza?**

您不能参加讲座吗？

non.bo.par~.tae.qi.pa.ri~.ae.a.la.kon.fae.ran~.ca

诺嗯 波 怕日~太器怕日~爱 啊啦 空法埃然~嚓？

☺ **Scusami, ho da fare.**

抱歉，我有点儿事。

si.ku.za.mi.ao.da.fa.ri~.ae

司库咋咪 奥 哒 发日~爱。

☺ **Mi scusi, sono un po 'occupato. / Mi scusi,sono un po 'occupata.**

抱歉，我有点儿忙。

mi.si.ku.zi.yi.suo.nuo.wen.po.ao.ku.pa.tuo / mi.si.

ku.zi.yi.suo.nuo.wen.po.ao.ku.pa.ta

咪 司库字一 索诺 文破 奥库怕托。/ 咪 司库字一 索诺 文破 奥库怕踏。

☺ **Ho altre cose da fare.**

我还有别的事要做。

ao.a.le.te.ri˜.ae.kao.zae.da.fa.ri˜.ae

奥 啊了特日˜爱 靠在 大 发日˜爱。

☺ **Devo sbriqare altre faccente.**

我还有些别的事请要忙。

dae.wo.zi.be.ri˜.yi.ga.rae˜.a.le.te.ri˜.ae.fa.chan.tai

带我 字不日˜尬日˜爱 啊了特日˜爱 发颤太。

☺ **Non ho tempo libero .**

我没时间。

no.en.ao.dam.po.li.bae.ruo˜

诺恩 奥 但破 利败若˜。

☺ **Non posso.**

我有些不方便。

nuo.en.bo.suo

诺恩 波索。

☺ **Sono un po 'occupato in questi giorni. / Sono un po 'occupata in questi giorni.**

这些天我有点儿忙。

suo.nuo.wen.po.ao.ku.pa.tuo.yin.kuai.si.di.

zhuor~.ni / suo.nuo.wen.po.ao.ku.pa.ta.yin.kuai.
si.di.zhuor~.ni

索诺 文破 奥库怕托 因 快死迪 桌日~你。/索
诺 文破 奥库怕踏 因 快死迪 桌日~你。

会话

💬 **Professor Nino, se ha tempo, può partecipare a questa riunione?**

尼诺教授，如果您方便的话，您能出席这次的会议吗？

pe.ruo~.fae.suor~.ni.nuo.sae.a.tem.po.bo.
par~.tae.qi.pa.ri~.ae.a.kuai.si.ta.ri~.yi.wu.
ni.ao.nae

普若~法埃索日~ 腻诺，赛 啊 探么 破，
波 怕日~太器怕日~爱啊 快死托 日~一物
腻奥耐？

💬 **Scusami, ho da fare.**

抱歉，我有点儿事。

si.ku.za.mi.ao.da.fa.ri~.ae

司库咋咪 奥 哒 发日~爱。

💬 **È un vero peccato.**

真遗憾。

ae.wen.wae.ruo~.bae.ka.tuo

爱 文 外若~ 败卡托。

💬 **Mi dispiace.**

对不起了。

mi.dis.bi.a.chae

咪 第四必啊拆。

Ti prego di avvisarmi la prossima volta.

请下次一定告诉我。

di.pe.ri~.ae.gao.di.a.wei.zar~.mi.la.pe.ruo~.sei.
ma.wol.ta

第 普日~爱告 第 啊为杂日~咪 啦 普若~
斯一吗 握了踏。

09 询问 ●017

询问语言

☺ **Parli italiano?**

你会说意大利语吗？

bar~.li.yi.ta.li.a.nuo

霸日~利 一踏利啊诺？

☺ **Il cinese è difficile?**

汉语难吗？

yi.le.qi.nae.zae.ae.di.fei.qi.lae

一了 器耐在 爱 第费器赖？

☺ **Non parli inglese?**

你不会说英语吗？

non.bar~.li.yin.ge.lae.zae

诺恩 霸日~利 因个赖在?

😊 **Parli coreano?**

韩语呢?

bar~.li.kao.ri~.ae.a.nuo

霸日~利 靠日~爱啊诺?

 会话一

🗣 **Nino, quale lingua straniera parli?**

尼诺，你会什么外语?

ni.nuo.kua.lae.lin.gua.si.te.ra~.ni.ae.ra~bar~.li

腻诺，跨赖 林挂 司特日~啊腻爱日~啊 霸日~利?

🗣 **Parlo italiano e inglese.**

会意大利语和英语。

bar~.lo.yi.ta.li.a.nuo.ae.yin.ge.lae.zae

霸日~咯 一踏利啊诺 爱 因个赖在。

E un po' di coreano.

还会点儿韩语。

ae.wen.po.di.kao.ri~.ae.a.nuo

爱 文破 第 靠日~爱啊诺。

🗣 **Quale parli meglio?**

最擅长的是什么?

---

kua.lae.bar~.li.mae.liao

跨赖 霸日~利 卖聊？

🗣 **L'inglese.**

最擅长的还是英语。

lin.ge.lae.zae

林个赖在。

🗣 **Tina, "Addio mia concubina" è un film cinese?**

蒂娜，《霸王别姬》是汉语电影吧？

di.na.a.di.ao.mi.a.kon.ku.bi.na.ae.wu.en.fei.
le.me.qi.nae. zae

蒂娜，啊第奥 咪啊 空库必呐 爱 屋恩 费
了么 器耐在？

🗣 **Sì.**

嗯，是的。

sei

斯一。

Tuttavia, ci sono i sottotitoli in inglese.

不过，有英语字幕。

du.ta.wei.a.qi.suo.nuo.yi.suo.tuo.di.tuo.li.yin.
yin.ge.lae. zae

度踏为啊，器 索诺 一 所托第托咯 因 因

个赖在。

Fantastico!

太好了！

fan.ta.si.ti.kao

饭踏司替考！

😊 **Dov'è l'ospedale?**

医院在哪儿？

duo.wae.lao.si.pae.da.lae

剁外 烙司派大赖？

😊 **Dov'è la scuola?**

学校在哪儿？

duo.wae.la.si.ku.ao.la

剁外 啦 司库奥啦？

😊 **Dov'è la banca?**

银行在哪儿？

duo.wae.la.bang.ka

剁外 啦 棒卡？

😊 **Dov e siamo?**

这是哪儿？

duo.wae.sei.a.mo

剁外 斯一啊莫？

☺ **Dov'è il museo?**

博物馆在哪儿?

duo.wae.yi.le.mu.zae.ao

剁外 一了 木在奥?

☺ **In quale direzione ora siamo?**

我们现在在哪个方位?

yin.kua.lae.di.ri˜.ae.cei.ao.nae.ao.ra˜.sei.a.mo

因 跨赖 第日˜爱 次一奥耐 奥日˜啊 斯一啊莫?

☺ **Dov'è il bagno?**

厕所在哪儿?

duo.wae.yi.le.ba.niao

剁外 一了 霸尿?

☺ **Dove si trova il supermercato?**

哪儿有超市?

duo.wae.sei.te.ruo˜.wa.yi.le.su.paer˜.maer˜.ka.tuo

剁外 斯一 特若˜袜 一了 苏派日˜卖日˜卡托?

会话

👤 **Dove siamo?**

这是哪儿?

duo.wae.sei.a.mo

剁外 斯一啊莫?

Questo è il centro di Pechino.

这是北京市中心。

kuai.si.tuo.ae.yi.le.chan.te.ruo~.di.pae.ki.nuo

快死托 爱 一了 颤特若~ 第 派科一诺。

Dov'è la Città Proibita?

故宫在哪儿？

duo.wae.la.qi.ta.pe.ruo~.yi.bi.ta

剁外 啦 器踏 普若~一必踏？

Qui vicino.

在这附近。

ku.yi.wei.qi.nuo

库一 为气诺。

Dov'è l'Università di Pechino?

北京大学在哪边？

duo.wae.lu.ni.waer~.sei.ta.di.pae.ki.nuo

剁外 路腻外日~斯一踏 第 派科一诺？

A ovest.

在西边。

a ao.wae.si.te

啊 奥外司特。

Dov'è il Palazzo d'Estate?

颐和园在哪儿？

duo.wae.yi.le.pa.la.cuo.dae.si.ta.tae

剩外 一了 霸辣错 带司踏太？

È molto vicino all'Università di Pechino.

离北京大学很近。

ae.mol.tuo.wei.qi.nuo.a.lu.ni.waer~.sei.ta.di.
pae.ki.nuo

爱 莫了托 为器诺 啊路腻外日~斯一踏 第
派科一诺。

询问人

☺ **Chi è quello?**

那个人是谁？

ki.ae.kuai.lo

科一 爱 快洛？

☺ **Qualè il Signor Nino?**

尼诺先生是哪位？

kua.lae.yi.le.sei.niaor~.ni.nuo

跨赖 一了 斯一尿日~ 腻诺？

☺ **Qualè il rettore dell'università?**

请问校长是哪位？

kua.lae.yi.le.ri~.ae.tuo.ri~.ae.dae.lu.ni.waer~.sei.ta

跨赖 一了 日~爱托日~爱 带路腻外日~斯一踏？

☺ **Chi è?**

谁啊？

ki.ae

科一 爱?

🧑 **Qualè il Signor Nino?**

尼诺先生是哪位?

kua.lae.yi.le.sei.niaor~.ni.nuo

跨赖 一了 斯一尿日~ 腻诺?

🧑 **Sono io.**

是我。

suo.nuo.yi.ao

索诺 一奥。

🧑 **Questa è la Sua lettera.**

这是您的信。

kuai.si.ta.ae.la.su.a.lae.tae.ra~

快死他 爱 啦 苏啊 赖太日~啊。

🧑 **Grazie.**

谢谢了。

ge.ra~.cei.ae

戈日~啊 次耶。

询问原因、理由

☺ **Perché?**

为什么?

baer~.kae

败日~开?

☺ **Per quale motivo?**

为什么?

baer~.kua.lae.mo.ti.wo

败日~ 跨赖 莫替握?

☺ **Per quale ragione?**

为什么?

baer~.kua.lae.ra~.zhuo.nae

败日~ 跨赖 日~啊桌耐?

☺ **Come ?**

怎么了?

ko.mae

靠卖?

☺ **Come stai?**

怎么了?　　　　　　　　　　（用于身体状况）

ko.mae.si.tai

考咩 思泰?

☺ **Come va la salute?**

怎么了？　　　　　　　　　　（用于身体状况）

ko.mae.wa.la.sa.lu.tae

考咩　袜　啦　撒路太？

 会话一

Mi scusi, professore!

老师，对不起！

mi.si.ku.zei.pe.ruo˜.fae.suo.rae˜

咪　四库贼，普若˜发爱索日˜爱！

Perché sei in ritardo?

你为什么迟到了？

baer˜.kae.sae.yi.yin.ri˜.yi.dar.do

败日˜开　赛一　因　日˜一大日˜多？

Perché ho avuto qualche problema.

我遇到了麻烦事，所以迟到了。

baer˜.kae.ao.a.wu.tuo.kua.le.kae.pe.ruo˜.bu.lae.ma

败日˜开　奥　啊物托　跨了开　普若˜不赖吗。

Beh, siediti subito!

好了，快坐下！

bae.sei.ae.di.di.su.bi.tuo

败，斯一爱第第　速必托！

Come?

怎么了？

kao.mae

靠卖?

Sembra che sia di cattivo umore.

看你好像心情不好的样子。

sam.be.ra~.kae.si.yi.a.di.ka.di.wo.wu.mo.ri~.ae

散么不日~啊 开 司一啊 第 卡第我 物莫
日~爱。

Niente, è successo un po' di cose spiacevoli.

没事，就是发生了点儿让人不愉快的事。

ni.an.tae.ae.su.chae.suo.wen.po.di.kao.zae.
si.bi.a.chae. wo.lae

腻按太，爱 苏拆索 文破 第 靠在 字必啊
拆握赖。

Non preoccuparti.

别担心。

non.pe.ri~.ae.ao.ku.par~.di

诺恩 普日~爱奥库怕日~第。

121

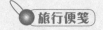

第三部分

情景应急口语

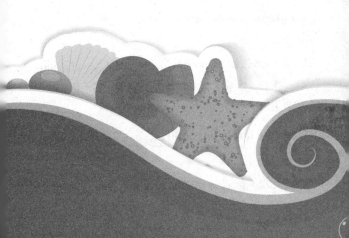

01 出入境时

◐018

 护照检查

☺ **La prego di mostrare il passaporto.**

请出示护照。

la.pe.ri~.ae.gao.di.mo.si.te.ra~.ri~.ae.yi.le.pa.
sa.por~.tuo

啦 普日~爱告 第 莫斯特日~啊 日~爱 一了
怕撒破日~托。

☺ **Posso vedere il Suo passaporto, per favore?**

我可以查看您的护照吗？

bo.suo.wae.dae.ri~.ae.yi.le.su.ao.pa.sa.por~.tuo.
baer.fa.wo.ri~.ae

波索 外带日~爱 一了 苏奥 怕撒破日~托，败
日~ 发握日~爱？

☺ **La prego di mostrare il visto.**

请出示签证。

la.pe.ri~.ae.gao.di.mo.si.te.ra~.ri~.ae.yi.le.wei.si.tuo

啦 普日~爱告 第 莫斯特日~啊 日~爱 一了
为司托。

☺ **Questo è il mio passaporto.**

这是我的护照。

kuai.si.tuo.ae.yi.le.mi.ao.pa.sa.por~.tuo

快死托 爱 一了 咪奥 怕撒破日~托。

© **Si prega di compilare la carta di sbarco.**

请填写入境卡。

sei.pe.ri~.ae.ga.di.kom.pi.la.ri~.ae.la.kar~.ta.di.
zi.bar~.kao

斯一 普日~爱嘎 第 空么屁辣日~爱 啦 卡日~
踏 第 字霸日~靠。

© **La prego di mostrare la carta di sbarco.**

请出示入境卡。

la.pe.ri~.ae.gao.di.mo.si.te.ra~.ri~.ae.la.kar~.ta.di.
zi.bar~.kao

啦 普日~爱告 第 莫斯特日~啊 日~爱 啦 卡
日~踏 第 字霸日~靠。

© **Da questa parte, per favore.**

这边请。

da.kuai.si.ta.par~.tae.baer~.fa.wo.ri~.ae

大 快死他 怕日~太 白日~ 发我日~爱。

会话

👦 **La prego di mostrare il Suo passaporto.**

请出示您的护照。

la.pe.ri~.ae.gao.di.mo.si.te.ra~.ri~.ae.yi.le.su.
ao.pa.sa.por~.tuo

啦 普日~爱告 第 莫斯特日~啊 日~爱 一
了 速奥 怕撒破日~托。

Questo è il mio passaporto.

这是我的护照。

kuai.si.tuo.ae.yi.le.mi.ao.pa.sa.por~.tuo

快死托 爱 一了 咪奥 怕撒破日~托。

La prego di mostrare la carta di sbarco.

请出示入境卡。

la.pe.ri~.ae.gao.di.mo.si.te.ra~.ri~.ae.la.kar~.ta.di.zi.bar~.kao

啦 普日~爱告 第 莫斯特日~啊 日~爱 啦
卡日~踏 第 字霸日~靠。

Eccoci.

好的，给你。

ae.kao.qi

爱靠器。

Ok, da questa parte, per favore. Avanti!

好的，这边请。下一位！

ou.kei.da.kuai.si.ta.par~.tae.baer~.fa.wo.ri~.ae.a.wang.ti

欧尅，大 快死他 怕日~太 白日~ 发我日~
爱。啊忘替!

海关检查

☺ **Dov'è la dogana?**

海关在哪儿？

126

duo.wae.la.do.ga.na

剁外 啦 多嘎呐？

☺ **Quanto tempo ci vuole per passare la dogana?**

办理海关手续需要多少时间？

kuang.tuo.dam.po.qi.wo.lae.paer~.pa.sa.ri~.ae.la.
do.ga.na

筐托 但破 器 握赖 派日~ 怕撒日~爱 啦 多
嘎呐？

☺ **Ha qualcosa da dichiarare?**

有要申报的东西吗？

a.kua.le.kao.za.da.di.ki.a.ra~.ri~.ae

啊 跨了靠咋 大 第科一啊日~啊 日~爱？

☺ **La prego di mostrare il passaporto e la carta di**
　dichiarazione.

请出示护照和海关申报书。

la.pe.ri~.ae.gao.di.mo.si.te.ra~.ri~.ae.yi.le.pa.
sa.por~.tuo.ae.la.kar~.ta.di.di.ki.a.ra~.cei.ao.nae

啦 普日~爱告 第 莫斯特日~啊 日~爱 一了
怕撒破日~托 爱 啦 卡日~踏 第 第科一啊日~
啊 次一奥耐。

☺ **Dobbiamo pagare la tassa su liquori e sigarette?**

烟和酒要缴税吗？

duo.bi.a.mo.ba.ga.ri~.ae.la.da.sae.su.li.kuo.ri~.
yi.ae.sei.ga.ri~.ae.tae

多必啊莫 霸嘎日~爱 啦 大赛 苏 利扩日~一
爱 斯一嘎日~爱太？

127

☺ **Posso compilare un nuovo modulo di dichiarazione doganale ora?**

我现在可以重新填一份海关申报单吗?

bo.suo.kom.pi.la.ri~.ae.wen.nu.ao.wo.mo.du.lo.
di.di.ki.a.ra~.cei.ao.nae.duo.ga.na.lae.ao.ra~

波索 空么屁辣日~爱 文 怒奥握 莫度咯 第 第
科一啊日~啊 次一奥耐 多嘎呐赖 奥日~啊?

☺ **Tenga il passaporto e la ricevuta.**

请收好你的护照和收据。

tan.ga.yi.le.pa.sa.por~.tuo.ae.la.ri~.yi.chae.wu.ta

探嘎 一了 怕撒破日~托 爱 啦 日~一拆物踏。

☺ **Questi sono solo souvenir per i miei amici.**

这只是我给朋友带的纪念品。

kuai.si.ti.suo.nuo.suo.lo.su.wae.nir~.paer~.yi.mi.
ae.yi.a.mi.qi

快死替 索诺 索咯 苏外臘日~ 派日~ 一 咪爱
一 啊咪器。

☺ **Apra quella valigia.**

请打开一下那个行李箱。

a.pe.ra~.kuai.la.wa.li.zha

啊普日~啊 快啦 袜利炸。

☺ **Ha beni da dichiarare?**

有需要缴税的物品吗?

a.bae.ni.da.di.ki.a.ra˜.rae˜

啊 败腻 大 第克一啊日˜啊日˜爱？

☺ **Dobbiamo confiscarle questa stecca di sigarette.**

我们必须要没收这条烟。

duo.bi.a.mo.kon.fei.si.ka.ri˜.lae.kuai.si.ta.si.tae.
ka.di.sei.ga.ri˜.ae.tae

多必啊莫 空费司卡日˜赖 快死他 司太卡 第
斯一嘎日˜爱太。

☺ **Ha superato il limite di esenzione fiscale.**

已超过免税范围。

a.su.pae.ra˜.tuo.yi.le.li.mi.tae.di.ae.san.cei.ao.nae.
fei.si.ka.lae

啊 苏派日˜啊托 一了 利咪太 第 爱散次一奥
耐 费司卡赖。

☺ **Deve pagare le tasse.**

您必须要缴税金。

dae.wae.ba.ga.ri˜.ae.lae.da.sae

带外 霸嘎日˜爱 赖 大赛。

☺ **Quanto devo pagare?**

要缴多少？

kuang.tuo.dae.wo.ba.ga.ri˜.ae

框托 带握 霸嘎日˜爱？

☺ **Dove vado a pagare le tasse?**

在哪儿缴税？

duo.wae.wa.duo.a.ba.ga.ri~.ae.lae.da.sae

多外 袜多 啊 霸嘎日~爱 赖 大赛?

Ho il certificato di esenzione.

我有免检证。

ao.yi.le.chaer~.ti.fei.ka.tuo.di.ae.san.cei.ao.nae

奥 一了 拆日~费卡托 第 爱散次一奥耐。

Prego!

请!

pe.ri~.ae.gao

普日~爱告!

Ha qualcosa da dichiarare?

有要申报的东西吗?

a.kua.le.kao.za.da.di.ki.a.ra~.ri~.ae

啊 跨了靠咋 大 第科一啊日~啊 日~爱?

No.

没有。

nou

闹。

Si prega di lasciare il bagaglio qui.

那请将行李放在这儿。

sei.pe.ri~.ae.ga.di.la.shia.ri~.ae.yi.le.ba.ga.liao.
kui

斯一 普日~爱嘎 第 啦是啊 日~爱 一了 霸嘎聊 亏。

Ok.

好的。

ou.kei

欧尅。

Ha superato il limite di esenzione fiscale.

已超过免税范围。

a.su.pae.ra~.tuo.yi.le.li.mi.tae.di.ae.san.cei.
ao.nae.fei.si.ka.lae

啊 苏派日~啊托 一了 利咪太 第 爱散次 一奥耐 费司卡赖。

Deve pagare le tasse.

您必须要缴税金。

dae.wae.ba.ga.ri~.ae.lae.da.sae

带外 霸嘎日~爱 赖 大赛。

Dove vado a pagare le tasse?

在哪儿缴税?

duo.wae.wa.duo.a.ba.ga.ri~.ae.lae.da.sae

多外 袜多 啊 霸嘎日~爱 赖 大赛?

> 😜 **Laggiù.**
>
> 在那边。
>
> la.zhu
>
> 啦祝。

02 交通出行 019

 问路

☺ **Dov'è l'ufficio postale?**

邮局在哪儿?

duo.wae.lu.fei.chiao.po.si.ta.lae

多外 路费吃奥 破司踏赖?

☺ **Per andare in banca delle comunicazioni?**

怎么去交通银行?

paer~.an.da.ri~.ae.yin.ban.ka.dae.lae.kao.mu.ni.
ka.cei.ao.ni

败日~ 按大日~爱 因 办卡 带啦 靠木腻卡次
二奥腻?

☺ **Per andare a Piazza Tiananmen?**

怎么去天安门?

paer~.an.da.ri~.ae.a.bi.a.ca.tian.an.men

败日~ 按大日~爱 啊 必啊嚓 天安门?

☺ **C'è la stazione degli autobus qui vicino?**

附近有公交车站吗?

132

chae.la.si.ta.cei.ao.nae.dae.li.aw.tuo.bu.si.kui.wei.
qi.nuo

拆 啦 司踏次一奥耐 带利 奥物托不死 亏 为
器诺?

☺ **Dov'è la stazione più vicina?**

最近的车站在哪儿?

duo.wae.la.si.ta.cei.ao.nae.piu.wei.qi.na

多外 啦 司踏次一奥耐 屁又 为器呐?

☺ **Per andare alla fermata della metropolitana?**

去地铁站怎么走?

paer˜.an.da.ri˜.ae.a.la.faer˜.ma.ta.dae.la.mae.
te.ruo˜.po.li.ta.na

败日˜ 按大日˜爱 啊啦 发爱日˜骂踏 带啦 卖
特若˜破利踏呐 ?

☺ **C'è un bagno qui vicino?**

附近有洗手间吗?

chae.wu.en.ba.niao.kui.wei.qi.nuo

拆 屋恩 霸尿 亏 为器诺?

☺ **Per andare al Parco Beihai?**

去北海公园怎么走?

paer˜.an.da.ri˜.ae.a.le.par˜.kao.bei.hai

败日˜ 按大日˜爱 啊了 怕日˜靠 北海?

☺ **Questa è la strada per l'Università Tsinghua?**

去清华大学是走这条路吗?

kuai.si.ta.ae.la.si.te.ra~.da.paer~.lu.ni.waer~.sei.
ta.qing.hua

快死他 爱 啦 司特日~啊大 派日~ 路腻外日~
斯一踏 清华？

☺ **Quanto tempo ci vuole?**

花多长时间？

kuang.tuo.dam.po.qi.wo.lae

筐托 但破 器 握赖？

会话

👦 **Mi scusi.**

打扰了。

mi.si.ku.zei

咪 四库贼。

Dov'è la stazione più vicina?

最近的车站在哪儿？

duo.wae.la.si.ta.cei.ao.nae.piu.wei.qi.na

多外 啦 司踏次一奥耐 屁又 为器呐？

👧 **Vai dritto per questa strada, c'è un parco, gira a destra, c'è la stazione degli autobus.**

沿着这条路直走，有个公园，在那儿右
拐，就有公交车站。

wa.yi.di.ri~.ae.tuo.ri~.ae.paer~.kuai.si.ta.si.te.
ra~.da.chae.wen.par~.kao.zhi.yi.ra~.a.dae.

si.te.ra~.chae.la.si.ta.cei.ao.nae.dae.li.aw.tuo.
bu.si

袜一 第日~爱托 派日~ 快死他 司特日~啊
大，拆 文 怕日~靠，之一 日~啊 啊带司
特日~啊，拆 啦 司踏次一奥耐 带利 奥物
托不死。

Benissimo, grazie.

太好了，谢谢。

bae.ni.sei.mo.ge.ra~.cei.ae

败腻斯一莫，戈日~啊 次耶。

乘公共汽车

☺ **Dove posso prendere l'autobus numero 1?**

在哪儿能坐1路公交车？

duo.wae.bo.suo.pe.ran~.dae.ri~.ae.law.tuo.bu.si.
nu.mae.ruo~.wu.nuo

多外 波索 普然~带日~爱 烙托不死 怒卖若~
物诺？

☺ **Quanto costa il biglietto?**

车票多少钱？

kuang.tuo.kao.si.ta.yi.le.bi.lia.ae.tuo

筐托 靠死他 一了 必利艾托？

☺ **Devo cambiare?**

需要换车吗？

dae.wo.kam.bi.a.ri~.ae

带我 卡么必啊日~爱？

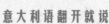

☺ **La prossima fermata è Mercato?**

下一站是市场吗?

la.pe.ruo˜.si.yi.ma.faer˜.ma.ta.ae.maer˜.ka.to

啦 普若斯一吗 法埃日˜骂他 爱 卖日˜卡托?

☺ **Dov'è la fermata dell'autobus?**

在哪里下车呢?

do.wae.ae.la.faer˜.ma.ta.dae.law.tuo.bu.si

多外爱 啦 法埃日˜骂他 带烙托不死?

☺ **Prendi quello che sta arrivando.**

坐下一辆车。

pe.ran˜.di.kuai.luo.kae.si.ta.a.ri˜.yi.wang.duo

普然˜第 快洛 开 司他 啊日˜一忘多。

☺ **L'autobus si ferma a Mercato?**

这辆车在市场站停吗?

law.tuo.bu.si.yi.faer˜.ma.a.maer˜.ka.tuo

烙托不死 斯一 法埃日˜骂 啊 卖日˜卡托?

 会话

👦 **La prossima fermata è Piazza?**

下一站是广场站吗?

la.pe.ruo˜.si.yi.ma.faer˜.ma.ta.ae.bi.a.ca

啦 普若斯一吗 法埃日˜骂他 爱 比啊嚓?

No, non è ancora arrivato.

不是，还没到呢。

no.non.ae.ang.kao.ra˜.a.ri˜.yi.wa.tuo

闹，诺恩 爱 昂靠日˜啊 啊日˜一袜托。

Quanto ci vuole ancora?

还要多长时间才到呢？

kuang.tuo.qi.wo.lae.ang.kao.ra˜

筐托 气 握赖 昂靠日˜啊？

Almeno 15 minuti.

至少还得15分钟吧。

a.le.mae.nuo.ku.yin.di.qi.mi.nu.ti

啊了卖诺 库因第器 咪怒替。

Ok. Grazie.

好的。谢谢。

ou.kei.ge.ra˜.cei.ye

欧尅。个日˜啊 次一也。

乘出租车

☺ **Mi porti alla Città Proibita.**

请送我到故宫。

mi.por.ti.a.la.qi.ta.pe.ruo˜.yi.bi.ta

咪 破日替 啊啦 器踏 普若˜一必踏。

☺ **Mi porti al Parco Zhongshan.**

请送我到中山公园。

mi.por.ti.a.le.par~.kao.zhong.shan

咪 破日替 啊了 怕日~靠 中山。

☺ **Quanto ci vuole per arrivare alla stazione dei treni?**

去火车站要多长时间?

kuang.tuo.qi.wo.lae.paer~.a.ri~.yi.wa.ri~.ae.a.la.
si.ta.cei.ao.nae.dae.yi.te.ri~.ae.ni

筐托 器 握赖 败日~ 啊日~一袜日~爱 啊啦
司踏次一奥耐 第 特日~爱诺?

☺ **Si può arrivare all'aeroporto in 30 minuti?**

30分钟能到机场吗?

sei.bo.a.ri~.yi.wa.ri~.ae.a.la.ae.ruo~.por~.tuo.yin.
te.ran~.ta.mi.nu.ti

斯一 波 啊日~一袜日~爱 啊啦爱若~破日~托
因 特然~他 咪怒替?

☺ **Vai più veloce.**

开快点儿。

wa.yi.piu.wae.lo.chae

袜一 屁又 外咯拆。

☺ **Apra il bagagliaio, per favore.**

麻烦打开后备厢。

a.pe.ra~.yi.le.ba.ga.lia.yi.ao.baer~.fa.wo.ri~.ae

啊普<u>日</u>~<u>啊</u> 一了 吧嘎俩一奥，白<u>日</u>~ 发我<u>日</u>~<u>爱</u>。

☺ **Si fermi là, per favore.**

就停在那边吧。

si.yi.faer~.mi.la.baer~.fa.wo.ri~.ae

<u>司</u>一 <u>法埃日</u>~咪 啦，白<u>日</u>~ 发我<u>日</u>~<u>爱</u>。

☺ **Potresti fare una sosta all' incrocio?**

能在十字路口那儿停一下吗？

bo.te.ri~.ae.si.ti.fa.ri~.ae.wu.na.suo.si.ta.a.lin.ke.ruo~.chiao

波特<u>日</u>~<u>爱</u>死替 发<u>日</u>~<u>爱</u> 物呐 索司他 啊 林克若~<u>吃奥</u>？

会话

🗣 **Dove va?**

您要去哪儿？

duo.wae.wa

多外 袜？

🗣 **Vado all' Hotel Imperiale.**

到帝国酒店。

wa.duo.a.le.ao.tae.le.yim.pae.ri~.yi.a.lae

袜多 啊了 奥太了 <u>因么派日</u>~一啊赖。

🗣 **Ok. Dov'è il Suo bagaglio?**

好的。您的行李呢？

139

ou.kei.duo.wae.ae.yi.le.su.ao.ba.ga.liao

欧尻。多外爱 一了 苏奥 吧嘎聊？

Ecco qui. Apra il bagagliaio, per favore.

在这儿呢。麻烦打开后备厢。

ae.kao.kui.a.pe.ra˜.yi.le.ba.ga.lia.yi.ao.baer˜.
fa.wo.ri˜.ae

爱靠亏。啊普日˜啊 一了 吧嘎俩一奥，白
日˜ 发我日˜爱。

Ok.

好的。

ou.kei

欧尻。

(Dopo 30 minuti.

过了30分钟。）

Va bene se mi fermo qui?

在这里停可以吗？

wa.bae.nae.sae.mi.faer˜.mo.kui

袜 败耐 赛 咪 法埃日˜莫 亏？

Ok. Grazie.

好的。谢谢。

ou.kei.ge.ra˜.cei.ye

欧尻。个日˜啊 次一也。

搭乘飞机

☺ **Quando sarà il check-in?**

请问什么时候开始办理登机手续？

kuang.duo.sa.ra~.yi.le.chae.ke.yin

筐多 撒日~啊 一了 拆克印？

☺ **Avete qualcosa da spedire?**

您有什么东西要托运吗？

a.wae.tae.kua.le.kao.za.da.si.pae.di.ri~.ae

啊外太 跨了靠咋 大 司派第日~爱？

☺ **Ho due bagagli da spedire.**

我有两件行李要托运。

ao.du.ae.ba.ga.li.da.si.pae.di.ri~.ae

奥 度爱 霸嘎利 大 司派第日~爱。

☺ **Voglio spedire questa valigia.**

我想托运这个行李箱。

wo.liao.si.pae.di.ri~.ae.kuai.si.ta.wa.li.zha

握聊 司派第日~爱 快死他 袜利炸。

☺ **Quanti chili sono gratis?**

多少公斤行李是免费的？

kuang.ti.ki.li.suo.nuo.ge.ra~.ti.si

筐踢 科一利 索诺 个日~啊替司？

141

☺ **30 chili per ogni persona.**

每人30公斤。

te.ran~.ta.ki.li.paer.ao.ni.paer~.suo.na

特然~踏 科一利 派日 奥腻 派日~索呐。

☺ **L'imbarco inizia 30 minuti prima della partenza.**

飞机起飞前三十分钟开始登机。

lim.bar~.kao.yin.ni.cei.a.te.ran~.ta.mi.nu.ti.pe.ri~.
yi.ma.dae.la.par~.tan.ca

林么霸日~靠 因腻次一啊 特然~踏 咪怒替 普
日~一吗 带啦 怕日~探嚓。

☺ **La prego di prendere la carta d'imbarco il più
presto possibile.**

请尽快换好登机牌。

la.pe.ri~.ae.gao.di.pe.ran.dae.ri~.ae.la.kar~.ta.dim.
bar~.kao.yi.le.piu.pe.ri~.ae.si.tuo.bo.sei.bi.lae

啦 普日~爱告 第 普然带日~爱 啦 卡日~他 第么
霸日~靠 一了 屁又 普日~爱死托 波斯一必赖。

☺ **Sono un agente di sicurezza, mi mostri il tuo
documento, per favore.**

我是安检员，请出示您的证件。

suo.nuo.wen.a.zhan.tae.di.sei.ku.ri~.ae.ca.mi.mo.
si.te.ri~.yi.le.du.ao.duo.ku.man.tuo.paer~.fa.wo.
ri~.ae

索诺 文 啊占太 第 斯一库日~爱嚓，咪莫
斯特日~ 一了 度奥 多库慢托，派日~ 发握
日~爱。

☺ **Benvenuti a bordo di quest'aereo.**

欢迎您乘坐本次航班。

ban.wae.nu.ti.a.bor˜.duo.di.kuai.si.ta.ae.ri˜.ae.ao

办外怒替 啊 波日˜多 第 快死踏爱日˜爱奥。

☺ **Mi scusi, dov'è il mio posto?**

请问我的座位在哪儿？

mi.si.ku.zei.duo.wae.yi.le.mi.ao.bo.si.tuo

咪 四库贼，多外 爱 一了 咪奥 波司托？

☺ **Voglio il succo di mela.**

我想要苹果汁。

wo.liao.yi.le.su.kao.di.mae.la

握聊 一了 速靠 第 卖啦。

👤 **Vuole un cuscino?**

您需要枕头吗？

wo.lae.wen.ku.shi.yi.nuo

握赖 文 库是一诺？

👤 **Sì, grazie.**

需要，谢谢。

sei.ge.ra˜.cei.ae

斯一，个日˜啊 次一也。

Preferisce, pollo o manzo?

鸡肉和牛肉您想要哪个？

pe.rae~.fae.ri~.shae.po.lo.ao.man.cuo

普日~爱发爱日~晒，破咯 奥 慢错？

Pollo, grazie.

鸡肉，谢谢。

po.lo.ge.ra~.cei.ae

破咯，个日~啊 次一也。

搭乘火车

☺ **Mi dia un biglietto di andata e ritorno per Roma, per favore.**

请给我一张去罗马的往返票。

mi.di.a.wen.bi.li.ae.tuo.di.an.da.ta.ae.ri~.yi.tor~.
nuo.paer~.ruo~.ma.paer~.fa.wo.ri~.ae

咪 第啊 文 必利艾托 第 按大踏 爱 日~一托
日~诺 败日~ 若~吗，派日~ 发握日~爱。

☺ **Voglio comprare un biglietto di sola andata per Milano.**

我要买去米兰的单程票。

wo.liao.kom.pe.ra~.ri~.ae.wen.bi.li.ae.tuo.di.suo.
la.an.da.ta.paer~.mi.la.nuo

握聊 空么普日~啊 日~爱 文 必利艾托 第 索
拉 按大踏 派日~ 咪辣诺。

144

☺ **I biglietti sono validi entro 3 giorni.**

车票三日内有效。

yi.bi.li.ae.ti.suo.nuo.wa.li.di.an.te.ruo~.te.ri~.
ae.zhuor~.ni

一 必利艾替 索诺 袜利第 按特若~ 特日~爱
桌日~腻。

☺ **C'è un biglietto di cuccetta?**

有卧铺票吗?

chae.wen.bi.li.ae.tuo.di.ku.chae.ta

拆 文 必利艾托 第 库拆踏?

☺ **Dov'è la biglietteria?**

售票处在哪里?

duo.wae.la.bi.li.ae.tae.ri~.yi.a

多外 啦 必利艾太日~一啊?

☺ **C'è un treno per Roma nel pomeriggio?**

有下午去罗马的火车吗?

chae.wen.te.ri~.ae.nuo.paer~.ruo~.ma.nae.le.bo.
mae.ri~.yi.zhuo

拆 文 特日~爱诺 派日~ 若~吗 耐了 波卖日~
二桌?

☺ **Quanto costa un biglietto di seconda classe, in Eurostar per Roma?**

欧洲之星去罗马的二等车票多少钱一张?

kuang.tuo.kao.si.ta.wen.bi.li.ae.tuo.di.sae.kon.

145

da.ke.la.sae.yin.ae.wu.ruo~.si.tar~.paer~.ruo~.ma

筐托 靠死他 文 必利艾托 第 赛空大 克辣赛，
因 爱物若~司踏日~ 派日~ 若~吗？

☺ **È occupato questo posto?**

这个位子有人吗？

ae.ao.ku.pa.tuo.kuai.si.tuo.bo.si.tuo

爱 奥库怕托 快死托 波司托？

☺ **Quanto costa un biglietto di treno espresso?**

一张直快车车票是多少钱？

kuang.tuo.kao.si.ta.wen.bi.li.ae.tuo.di.te.ri~.
ae.nuo.ae.si.pe.ri~.ae.suo

筐托 靠死他 文 必利艾托 第 特日~爱诺 爱
死普日~爱索？

☺ **Il treno è in ritardo?**

火车晚点了吗？

yi.le.te.ri~.ae.nuo.ae.yin.ri~.yi.tar~.duo

一了 特日~爱诺 爱 因 日~一踏日~多？

 会话

👦 **Salve, posso lasciare qui la mia valigia?**

你好，行李可以放在这儿吗？

sal.wae.bo.suo.la.shia.ri~.ae.kui.la.mi.a.wa.li.zha

撒了外，波索 啦是啊 日~爱 亏 啦 咪啊
袜利炸？

Certo.

可以。

chaer~.tuo

拆日~托。

Dove scendete?

你们在哪儿下车?

duo.wae.shan.dae.tae

多外 善待太?

Scendiamo al capolinea.

我们在终点站下车。

shan.di.a.mo.a.le.ka.po.li.nae.a

善第啊莫 啊了 卡破利耐啊。

Anch'io.

我也是。

ang.kae.yi.ao

昂开一奥。

搭乘轮船

☺ **Quanto tempo ci vuole per Capri in barca?**

到卡普里要多长时间?

kuang.tuo.dam.po.qi.wo.lae.paer~.ka.pe.ri~.yi.yin.bar~.ka

筐托 但破 器 握赖 败日~ 卡普日~一 因 霸日~卡?

☺ **In quali porti fa scalo?**

中途在哪些港口停?

yin.kua.li.por.ti.fa.si.ka.lo

因 跨利 破日替 发 司卡咯?

☺ **Andiamo in copèrta?**

我们去甲板上看看吧?

an.di.a.mo.yin.kao.paer~.ta

按第啊莫 因 靠派日~踏?

☺ **C'è un ristorante a bordo?**

船上有餐厅吗?

chae.wen.ri~.yi.si.tuo.rang~.tae.a.bor~.do

拆 文 日~一司托让~太 啊 波日~多?

☺ **Quando salpa la nave?**

几点开船?

kuang.duo.sal.pa.la.na.wae

筐多 撒了怕 啦 呐外?

☺ **Controllare i biglietti.**

检票。

kon.te.ruo~.la.ri~.ae.yi.bi.li.ae.ti

空特若~啦日~爱 一 必利艾替。

Quanto tempo ci vuole per Capri in barca?

到卡普里要多长时间？

kuang.tuo.dam.po.qi.wo.lae.paer~.ka.pe.ri~.
yi.yin.bar~.ka

筐托 但破 器 握赖 败日~ 卡普日~一 因
霸日~卡？

Circa 2 ore.

好像要两个小时。

qi.ri.ka.du.ae.ao.ri~.ae

气日卡 度爱 奥日~爱。

È molto lontano.

真够久的啊。

ae.mol.tuo.lon.ta.nuo

爱莫了托 龙踏诺。

Andiamo in copèrta ?

我们去甲板上看看吧？

an.di.a.mo.yin.kao.paer~.ta

按第啊莫 因 靠派日~踏？

D'accordo.

赞成。

da.kaor~.duo

大靠日~多。

🌱 交通标志

☺ **Divieto di sosta.**

禁止停车。

wei.ae.tuo.di.suo.si.ta

为爱托 第 索司踏。

☺ **Parcheggio.**

停车场。

par~.kae.zhuo

怕日~开桌。

☺ **Attraversamento pedonale.**

人行横道。

a.te.ra~.waer~.sa.man.tuo.pae.duo.na.lae

啊特<u>日</u>~啊外<u>日</u>~撒慢托 派多呐赖。

☺ **Divieto di segnalazioni acustiche.**

禁止鸣笛。

wei.ae.tuo.di.sae.nia.la.cei.ao.ni.a.ku.si.ti.kae

为爱托 第 赛腻啊啦<u>次</u>一奥腻 啊库司替开。

☺ **Corsia degli autobus.**

公交专用。

kor~.sei.a.dae.li.aw.tuo.bu.si

靠日~<u>斯</u>一啊 带利 奥物托不司。

☺ **Divieto di sorpasso.**

禁止超车。

wei.ae.tuo.di.suor˜.pa.suo

为爱托 第 索日˜怕索。

☺ **Strada a senso unico.**

单行通道。

si.te.ra˜.da.a.san.suo.wu.ni.kao

司特日˜啊大 啊 散索 物腻靠。

☺ **Curva.**

转弯。

kur˜.wa

库日˜袜。

☺ **Fermarsi e dare precedenza.**

停车让先。

faer˜.mar˜.sei.ae.da.ri˜.ae.pe.ri˜.ae.chae.dan.ca

法埃日˜骂日˜斯一 爱 大日˜爱 普日˜爱拆但嚓。

🧑 **Cosa significa quel cartello?**

那块牌子是什么意思？

kao.za.sei.ni.fei.ka.kuai.le.kar˜.tae.lo

靠咋 斯一腻费卡 快了 卡日˜太咯？

Distanziamento minimo obbligatorio.

必须保持最小距离。

di.si.tang.cei.a.man.tuo.mi.ni.mo.ao.be.li.
ga.tuo.ri~.yi.ao

第四烫次—啊慢托 咪腻莫 奥不利嘎托日~
—奥。

 03 电话

找人

☺ **Pronto?**

喂？

pe.rong~.tuo

普荣~托？

☺ **C'è il Signor Nino?**

尼诺先生在吗？

chae.yi.le.sei.niaor~.ni.nuo

拆 一了 司一尿日~ 腻诺？

☺ **Posso parlare con il prof. Paolo, per favore?**

请问保罗老师在吗？

bo.suo.par~.la.ri~.ae.kon.yi.le.pe.ruo~.fu.pao.luo.
paer~.fa.wo.ri~.ae

波索 怕日~辣日~爱 空 一了 普若~夫 泡罗，
派日~ 发握日~爱？

☺ **Buongiorno, sono Tina.**

你好，我是蒂娜。

bon.zhuor˜.nuo.suo.nuo.ti.na

<u>波恩桌日˜诺</u>，索诺 蒂娜。

☺ **Mi dispiace chiamarla così tardi.**

抱歉这么晚给您打电话。

mi.dis.bi.a.chae.ki.a.mar˜.la.kao.zei.dar˜.di

咪 第四必啊拆 <u>科一啊骂日˜辣</u> 靠贼 大日˜
第。

☺ **Richiamerò più tardi.**

我晚点儿再打过来。

ri˜.yi.ki.a.mae.ruo˜.piu.dar˜.di

<u>日˜一</u> 科一啊卖若˜ 屁又 大日˜第。

☺ **Un momento, per favore.**

请稍等。

wen.mo.man.tuo.paer˜.fa.wo.ri˜.ae

文 莫慢托，派日˜ 发握日˜爱。

☺ **Vuoi lasciare un messaggio?**

要我捎个口信吗？

wo.yi.la.sha.ri˜.ae.wen.mae.sa.zhuo

握一啦哈日˜爱 文 卖撒桌？

153

☺ **Mi dispiace per tenerla in attesa.**

对不起，让您久等了。

mi.dis.bi.a.chae.paer˜.tae.naer˜.la.yin.a.tae.za

咪 第四必啊拆 派日˜ 太耐日˜辣 因 啊太杂。

会话

Pronto?

喂?

pe.rong˜.tuo

普荣˜托?

C'è il Signor Nino?

尼诺先生在吗?

chae.yi.le.sei.niaor˜.ni.nuo

拆 一了 司一尿日˜ 腻诺?

Non è a casa.

他现在不在家。

non.ae.a.ka.za

诺嗯 爱 啊 卡咋。

Richiamerò più tardi.

我晚点儿再打过来。

ri˜.yi.ki.a.mae.ruo˜.piu.dar˜.di

日˜一 科一啊卖若˜ 屁又 大日˜第。

☺ **Pronto? È la reception del l'Hotel Imperiale?**

喂，是帝国酒店的前台吧？

pe.rong˜.tuo.ae.la.ri˜.ae.chae.pe.shen.dae.le.ao.
tae.le.yim.pae.ri˜.yi.a.lae

普荣˜托? 爱 啦 日˜爱拆普深 带了 奥太了
因么派日˜一 啊赖?

☺ **Pronto? È la Banca Popolare di Cina?**

喂，是中国人民银行吗？

pe.rong˜.tuo.ae.la.ban.ka.po.po.la.ri˜.ae.di.qi.na

普荣˜托? 爱 啦 办卡 破破辣日˜爱 第 器呐?

☺ **Pronto? È la clinica?**

喂，是诊所吗？

pe.rong˜.tuo.ae.la.ke.li.ni.ka

普荣˜托? 爱 啦 克利腻卡?

☺ **Avete nuove promozioni?**

最近有什么优惠活动吗？

a.wae.tae.nu.ao.wae.pe.ruo.mo.ci.yi.ao.ni?

啊外太 怒奥外 普若莫次一奥腻?

☺ **Potresti ripetermi le funzionalità del prodotto nuovo?**

能再说明一次新产品的功能吗？

bo.te.ri~.ae.si.ti.ri.pae.tae.ri.mi.lae.fu.en.cei.ao.na.
li.ta.dae.le.pe.ruo~.duo.tuo.nu.ao.wo

波特日~爱死替　日一派太日咪　赖　夫嗯　次一
奥呐利踏　带了　普若~多托　怒奥握？

☺ **C'è un biglietto per Shanghai per domani?**

还有明天去上海的票吗？

chae.wen.bi.li.ae.tuo.paer~.shang.hai.paer.duo.
ma.ni

拆　文　必利艾托　派日~　上海　败日　多骂腻？

☺ **Ho la febbre, cosa devo fare?**

我发烧了，怎么办好呢？

ao.la.fae.be.ri~.ae.kao.za.dae.wo.fa.ri~.ae

奥　啦　法埃不日~爱，靠咋　带握　发日~爱？

☺ **Quanto costa la stanza più economica per una sera?**

最便宜的房间一晚上是多少钱？

kuang.tuo.kao.si.ta.la.si.tang.ca.piu.ae.kao.nuo.
mi.ka.paer~.wu.na.sae.ra~

筐托　靠司踏　啦　司烫嚓　屁又　爱靠诺咪卡　派
日~　物呐　赛日~啊？

Pronto? È il servizio di consulenza doganale?

喂，是海关咨询处吗？

pe.rong~.tuo.ae.yi.le.saer~.wei.cei.ao.di.kon.
su.lan.ca.duo.ga.na.lae

普荣~托？爱 一了 赛日~为次一奥 第 空
速烂嚓 多嘎呐赖？

Sì.

是的。

sei

斯一。

Vorrei sapere quali sono gli articoli da dichiarare?

我想咨询一下有哪些东西需要申报？

wo.rae~.sa.pae.rae.kua.li.suo.nuo.li.a.ri.ti.kao.
li.da.di.ki.a.ra~.ri~.ae

握日~爱 撒派日~爱 跨利 索诺 利 啊日替
靠利 大 第科一啊日~啊 日~爱？

Prima di tutto…

首先……

pe.ri~.yi.ma.di.du.tuo

普日~一吗 第 度托……。

预约

☺ **Vorrei prenotare un posto per cinque persone per domani.**

我想预订明天五个人的座位。

wo.ri˜.ae.yi.pe.ri˜.ae.nuo.ta.ri˜.ae.wen.bo.si.tuo.
baer.qin.kuai.paer˜.suo.nae.paer˜.duo.ma.ni

握日˜爱一 普日˜爱诺踏日˜爱 文 波司托 败
日 勤快 派日˜索耐 派日˜ 多骂腻。

☺ **Vorrei prenotare una stanza.**

我想预订房间。

wo.ri˜.ae.yi.pu.ri˜.ae.nuo.ta.ri˜.ae.wu.na.si.
tang.ca

我日˜爱一 普日˜爱诺他日˜爱 唔呐 四趟擦。

☺ **Mi scusi, potrei fare il check-in senza prenotazione?**

没有预订可以住宿吗？

mi.si.ku.zei.bo.te.ri˜.ae.yi.fa.ri˜.ae.yi.le.chae.
ke.yin.san.ca.pu.ri˜.ae.nuo.ta.ci.yi.ao.nae

米 四库贼 波特日˜爱一 发日˜爱 一了 拆可
因 三擦 扑日˜爱诺他此一奥耐？

☺ **Quale è il Suo cognome?**

请问您贵姓？

kua.lae.ae.yi.le.su.ao.kao.niao.mae

夸赖 爱 一了 苏奥 靠尿卖？

☺ **Vorrei cancellare la mia prenotazione.**

我想取消预约。

wo.ri~.ae.yi.kang.chae.la.ri~.ae.la.mi.a.pe.ri~.
ae.nuo.ta.cei.ao.nae

我日~爱一 抗拆辣日~爱 啦 咪啊 普日~爱诺
他次一奥耐。

☺ **Vorrei un tavolo vicino alla finestra.**

我想坐靠窗的位子。

wo.ri~.ae.yi.wen.da.wo.lo.wei.qi.nuo.a.la.fei.nae.
si.te.ra~

握日~爱一 文 大握啦 为器诺 啊啦 飞耐司特
日~啊。

会话

🧑 **Pronto? È l'Hotel Imperiale?**

喂，是帝国酒店吗？

pe.rong~.tuo.ae.ao.tae.le.yim.pae.ri~.yi.a.lae

普荣~托? 爱 奥太了 因么派日~一啊赖?

👩 **Sì.**

是的。

sei

斯一。

Vorrei prenotare una stanza.

我想预订房间。

wo.ri˜.ae.yi.pu.ri˜.ae.nuo.ta.ri˜.ae.wu.na.si.
tang.ca

我日˜爱一 普日˜爱诺他日˜爱 唔呐 四趟擦。

Quando fa il check-in?

请问何时入住呢？

kuang.duo.fa.yi.le.chae.ke.yin

筐多 发 一了 拆可印？

Starò tre notte dal sette agosto.

8月7号开始住三个晚上。

si.ta.ruo˜.te.ri˜.ae.nuo.tae.da.le.sae.tae.a.gao.
si.tuo

斯踏若˜ 特日˜爱 诺泰 大 了 赛太 阿告
斯托。

Per quante persone?

几位客人？

baer˜.kuang.tae.baer˜.suo.nae

败日˜ 矿太 派日˜所耐？

Due persone.

两个人。

du.ae.baer˜.suo.nae

度爱 派日˜所耐。

Quale camera preferirebbe, camera matrimoniale o doppia con letti singoli?

请问是要双人床还是两张单人床呢？

kua.lae.ka.mae.ra~.pu.ri~.ae.fae.ri~.yi.ri~. ae.bae.ka.mae.ra~.ma.te.ri~.yi.mo.ni.a.lae. ao.duo.bi.a.kon.lae.di.si.yin.gao.li

跨赖 卡麦日~啊 扑日~爱菲日~一 日~爱败 卡麦马特日~一模拟阿赖 奥 剁必亚 空 赖 蒂 斯因告丽？

Vorrei una camera matrimoniale.

麻烦给我双人床。

wo.ri~.ae.yi.wu.na.ka.mae.ra~.ma.te.ri~.yi.mo. ni.a.lae

我日~爱一 物呐 卡麦日~啊 马特日~一模 拟阿赖。

Ok.

好的。

ou.kei

欧尅。

 **用餐**

☺ **Pronto? È il Ristorante Imperiale?**

喂，是帝国饭店吗？

pe.rong~.tuo.ae.yi.le.ri~.si.tuo.rang~.tae.yim.pae. ri~.yi.a.lae

普荣~托? 爱 一了 日~一司托让~太 因么派日
~一啊赖?

☺ **Vorrei prenotare un tavolo.**

我想预订一下座位。

wo.ri~.ae.yi.pu.ri~.ae.nuo.ta.ri~.ae.wen.da.wo.lo

我 日~爱一 普日~爱诺他 日~爱 文 大握咯。

☺ **In quanti siete?**

几位客人?

yin.kuang.ti.sei.ae.tae

因 筐替 斯一爱太?

☺ **Vorrei un tavolo vicino alla finestra.**

我想坐靠窗的位子。

wo.ri~.ae.yi.wen.da.wo.lo.wei.qi.nuo.a.la.fei.nae.
si.te.ra~

握日~爱一 文 大握咯 为七诺 啊啦 飞耐司特
日~啊。

☺ **C'è un tavolo nella zona non fumatori?**

有禁烟区的位子吗?

chae.wen.da.wo.lo.nae.la.zo.na.non.fu.ma.tuo.ri~.yi

拆 文 大握咯 耐啦 做呐 诺恩 夫骂托日~一?

☺ **Vorrei prenotare un posto per cinque persone
per domani.**

我想预订明天五个人的座位。

wo.ri~.ae.yi.pe.ri~.ae.nuo.ta.ri~.ae.wen.bo.si.tuo.
baer.qin.kuai.paer~.suo.nae.paer~.duo.ma.ni

握日~爱一 普日~爱诺踏日~爱 文 波司托 败
日 勤快 派日~索耐 派日~ 多骂腻。

☺ **Vorrei cancellare la mia prenotazione.**

我想取消预约。

wo.ri~.ae.yi.kang.chae.la.ri~.ae.la.mi.a.pe.ri~.
ae.nuo.ta.cei.ao.nae

我日~爱一 抗拆辣日~爱 啦 咪啊 普日~爱诺
他次一奥耐。

🗣 **Buongiorno, questo è il ristorante cinese.**

您好，这里是中国餐厅。

bon.zhuo.ri~.nuo.kuai.si.tuo.ae.yi.le.ri~.yi.si.
tuo.rang~.tae.qi.nae.zae.

波恩桌日~诺 快死托 爱 一了 日~一司托
让~太 器耐在。

🗣 **Sì, vorrei prenotare un tavolo.**

嗯，我想预订一下座位。

si.yi.wo.ri~.ae.yi.pu.ri~.ae.nuo.ta.ri~.ae.wen.
da.wo.lo

斯一 我日~爱一 普日~爱诺他日~爱 文 他
我咯。

Va bene, quale è il Suo cognome?

好的，请问您贵姓？

wa.bae.nae.kua.lae.ae.yi.le.su.ao.kao.niao.mae

林 败耐 夸来 爱 一了 苏奥 靠尿卖？

Il mio cognome è Nino. Arriverò l'1 settembre, alle 8 di sera.

我姓尼诺。9月1号晚上8点到。

yi.le.mi.ao.kao.niao.mae.ae.ni.nuo.a.ri˜.yi.wae.
ruo˜.yi.le.pe.ri˜.yi.mo.sae.tam.be.ri˜.ae.a.lae.
otto.di.sae.ra˜

一了 咪奥 靠尿卖 爱 尼诺。啊日˜一外若˜
一了 普日˜一莫 赛探么不 日˜爱 啊来 奥
拓 迪 赛日˜啊。

Quanti di voi?

几位客人？

kuang.ti.di.wo.yi

筐踢 迪 握一？

Siamo in tre.

三个人。

si.yi.a.mo.yin.te.ri˜.ae

司一啊莫 因 特日˜爱。

Ok.

好的。

ou.kei

欧尅。

点菜

☺ **Mi dia il menu, per favore.**

请给我看一下菜单。

mi.di.a.yi.le.mae.nu.baer~.fa.wo.ri~.ae

咪 第啊 一了 卖怒 白日~ 发我日~爱。

☺ **Mi dia un bicchiere d'acqua.**

给我一杯水。

mi.di.a.wen.bi.ki.ae.ri~.ae.da.kua

咪 第啊 文 必科一爱日~爱 大夸。

☺ **Vorrei ordinare.**

我想点菜了。

wo.ri~.ae.yi.ao.ri~.di.na.ri~.ae

我日~爱一 奥日~第呐日~爱。

☺ **Mi porti questo, per favore.**

我要这个。

mi.bor~.ti.kuai.si.tuo.baer~.fa.wo.ri~.ae

咪 波日~踢 快死托 白日~ 发我日~爱。

☺ **Mi cambia il posacenere, per favore.**

麻烦帮我换一下烟灰缸。

mi.kam.bi.a.yi.le.bo.sa.chae.nae.ri~.ae.baer~.fa.wo.ri~.ae

咪 卡么必啊 一了 波撒拆耐日~爱 白日~ 发我日~爱。

☺ **Mi dia un bicchiere di birra.**

来一杯啤酒。

mi.di.a.wen.bi.ki.ae.ri˜.ae.di.bi.ra˜

咪 第啊 文 必科一爱日˜爱 迪 必日˜啊。

☺ **Mi porti lo stesso piatto.**

给我也来一份相同的菜。

mi.bor˜.ti.lo.si.dae.suo.bi.a.tuo

咪 波日˜踢 咯 司带锁 比啊托。

 会话

🧑 **Benvenuti. Quanti siete?**

欢迎光临。请问几位?

ban.wae.nu.ti.kuang.ti.si.ae.tae

班外怒踢。筐踢 司一爱太?

👩 **Siamo in tre.**

三个人。

si.yi.a.mo.yin.te.ri˜.ae

司一啊莫 因 特日˜爱。

🧑 **Da questa parte, per favore.**

这边请。

da.kuai.si.ta.par˜.tae.baer˜.fa.wo.ri˜.ae

大 快死他 怕日˜太 白日˜ 发我日˜爱。

(**Fra poco.**

过了一会儿。

fu.ra~.bo.kao

夫日~啊 报靠。)

Vuole ordinare?

您想好要点什么了吗？

wo.lae.ao.ri~.di.na.ri~.ae

握赖 奥日~第那日~爱?

Beh, mi porti un spaghetti al ragù.

嗯，来一份肉酱意面。

bae.mi.po.ri.ti.wen.zi.ba.gae.ti.a.le.ra~.gu

败，咪 破日替 文 字霸盖踢 啊了 日~啊故。

E da bere?

饮料呢？

ae.da.bae.rae

爱 大 败日爱?

Niente, grazie.

不用了，谢谢。

ni.an.tae.ge.ra~.cei.ye

腻按太，个日~啊 次一也。

Ok.

好的。

ou.kei

欧尅。

付账

☺ **Il conto, per favore.**

麻烦结账。

yi.le.kon.tuo.baer~.fa.wo.ri~.ae

一了 空托，白日~ 发我日~爱。

☺ **Posso usare la carta di credito?**

可以刷卡吗？

bo.suo.wu.za.ri~.ae.la.kar~.ta.di.ke.ri~.ae.di.tuo

波索 物咋日~爱 啦 卡日~他 迪 克日~爱第托?

☺ **Facciamo alla romana.**

AA制买单。

fa.chia.mo.a.la.ruo~.ma.na

发吃啊莫 啊啦 若骂呐。

☺ **Tenga pure il resto.**

不用找零了。

tan.ga.bu.ri~.ae.yi.le.ri~.ae.si.tuo

探嘎 不日~爱 一了 日~爱司托。

☺ **Posso avere il conto per favore?**

请给我账单好吗？

bo.suo.a.wae.ri~.ae.yi.le.kon.tuo.baer~.fa.wo.ri~.ae

波索 啊外日~爱 一了 空托 白日~ 发我日~爱?

☺ **Pago io questa volta.**

这次我请客。

ba.gai.yi.ao.kuai.si.ta.wol.ta

霸告 一奥 快死他 握了踏。

☺ **Mi puoi dare la ricevuta?**

你能把发票给我吗？

mi.bo.yi.da.ri~.ae.la.ri~.yi.chae.wu.ta

咪 波一 大日~爱 啦 日~一拆物踏？

☺ **Il costo del servizio è incluso.**

服务费包含在内。

yi.le.kao.si.tuo.dae.le.saer~.wei.cei.ao.ae.yin.
ke.lu.suo

一了 靠司托 带了 赛日~为次一奥 爱 因克
路索。

会话

　　　Posso avere il conto per favore?

　　　请给我账单好吗？

　　　bo.suo.a.wae.ri~.ae.yi.le.kon.tuo.baer~.fa.wo.ri~.ae

　　　波索 啊外日~爱 一了 空托 白日~ 发我日~
　　　爱？

　　　Questa è la lista.

　　　这是清单。

kuai.si.ta.ae.la.li.si.ta

快死他 爱 啦 利斯踏。

La prego di confermare.

请确认。

la.pe.ri~.ae.gao.di.kon.faer~.ma.ri~.ae

啦 普日~爱告 第 空法埃日~骂日~爱。

È giusta.

没有错。

ae.zhu.si.ta

爱 祝司踏。

Posso usare la carta di credito?

可以刷卡吗?

bo.suo.wu.za.ri~.ae.la.kar~.ta.di.ke.ri~.ae.di.tuo

波索 物咋日~爱 啦 卡日~他 迪 克日~爱第
托?

Facciamo alla romana.

AA制买单。

fa.chia.mo.a.la.ruo~.ma.na

发吃啊莫 啊啦 若骂呐。

Tenga pure il resto.

不用找零了。

tan.ga.bu.ri~.ae.yi.le.ri~.ae.si.tuo

探嘎 不日~爱 一了 日~爱司托。

Ok. Grazie.

好的。谢谢。

ou.kei.ge.ra~.cei.ye

欧尅。个日~啊 次一也。

在快餐店

☺ **Cosa vuole?**

您点什么？

kao.za.wo.lae

靠咋 握赖？

☺ **Un hamburger.**

来一个汉堡包。

wen.ham.ber.ger

文 汗么波日个日。

☺ **Due hamburger di manzo.**

来两个牛肉汉堡。

du.ae.ham.ber.ger.di.man.cuo

度爱 汗么波日个日 第 慢错。

☺ **Una lattina di Coca-Cola.**

来一罐可乐。

wu.na.la.ti.na.di.kao.ka.kao.la

物呐 啦替呐 第 靠卡靠啦。

☺ **Un menù A.**

来一份A套餐。

wen.mae.nu.a.ei

文 卖怒啊 诶。

☺ **Due porzioni di pollo fritto.**

来两份炸鸡。

du.ae.po.ri.ci.yi.ao.ni.di.po.luo.fu.ri.yi.tuo

度爱 破日次一奥腻 第 破咯 夫日一托。

☺ **Da portare via.**

打包。

da.bor˜.ta.ri˜.ae.wei.a

大波日˜他日˜爱 为啊。

 会话

🗣 **Cosa vuole?**

您点什么？

kao.za.wo.lae

靠咋 握赖？

🗣 **Due hamburger di manzo, una lattina di Coca-Cola, due porzioni di pollo fritto.**

两个牛肉汉堡、一罐可乐、两份炸鸡。

du.ae.ham.ber.ger.di.man.cuo.wu.na.la.ti.na.di.kao.
ka.kao.la.du.ae.po.ri.ci.yi.ao.ni.di.po.luo.fu.ri.yi.tuo

度爱 汗么波日个日 第 慢错，物呐 啦替呐
第 靠卡靠啦，度爱 破日次一奥腻 第 破咯
夫日一托。

Da mangiare qui?

在这儿吃吗？

da.man.zha.ri~.ae.kui

大 慢炸日~爱 亏？

Da portare via.

打包。

da.bor~.ta.ri~.ae.wei.a

大 波日~他日~爱 为啊。

叫外卖

☺ **Chiamiamo la consegna a domicilio.**

我们叫外卖吧。

ki.a.mi.a.mo.la.kon.sae.ni.a.a.duo.mi.qi.liao

克一啊咪啊莫 啦 空赛腻啊 啊 多咪气聊。

☺ **Avete la consegna a domicilio?**

你们有外卖服务吗？

a.wae.tae.la.kon.sae.ni.a.a.duo.mi.qi.liao

啊外太 啦 空赛腻啊 啊 多咪气腻奥？

☺ **Consegneremo fra mezz'ora.**

我们半小时内送到。

kon.sae.nie.ri~.ae.mo.fu.ra.mae.cuo.ra~

空赛聂日~爱莫 夫日啊 卖错日~啊。

☺ **La spesa di consegna è di cinque yuan, a prescindere da quanto si ordina.**

无论你点多少，配送费都是五元。

la.si.pae.sa.di.kon.sae.nia.ae.di.qin.kuai.yuan.a.pe.
rae.shin.dae.rae.da.kuang.tuo.sei.aor~.di.na

啦 司派咋 第 空赛腻啊 爱 勤快 元，啊 普
日爱是因带日爱 大 筐托 斯一 奥日~第呐。

☺ **Posso avere il Suo indirizzo?**

您的地址是什么？

buo.suo.a.wae.ri~.ae.yi.le.su.ao.yin.di.ri~.yi.cuo

波索 啊外日~爱 一了 速奥 因第日~一错？

☺ **Si prega di consegnarlo a n. 120 della Quinto Strada.**

请送到第五大道120号。

sei.pe.ri~.ae.ga.di.kon.sae.niar~.lo.a.nu.mae.ruo.
chan.tuo.wan.ti.dae.la.kuin.tuo.si.te.ra~.da

斯一 普日~爱嘎 第 空赛腻啊日~咯 啊 怒卖
若 颤托万踢 带啦 库因托 司特日~啊大。

☺ **Qual è il costo di consegna?**

配送费多少钱？

kua.le.ae.yi.le.kao.si.tuo.di.kon.sae.nia

跨了 爱 一了 靠司托 第 空赛腻啊？

☺ **Si prega di fornire il più presto possibile.**

请尽量早点送来。

sei.pe.ri~.ae.ga.di.for~.ni.ri~.ae.yi.le.piu.pe.ri~.
ae.si.tuo.bo.sei.bi.lae

斯一 普日~爱嘎 第 佛日~腻日~爱 一了 屁又
普日~爱死托 波斯一必赖。

会话

Pronto? È il ristorante cinese?

喂，是中餐馆吗？

pe.rong~.tuo.ae.yi.le.ri~.si.tuo.rang~.tae.qi.nae.zae.

普荣~托? 爱 一了 日~一司托让~太 器耐在?

Sì.

是的。

sei

斯一。

Avete il servizio domicilio?

你们有外卖服务吗？

a.wae.tae.yi.le.saer~.wei.cei.ao.duo.mi.qi.liao

啊外太 一了 赛日~为次一奥 多咪气聊?

Sì.

是的。

sei

斯一。

意大利语翻开就说

Quanto è il costo di consegna?

配送费多少钱?

kuang.tuo.ae.yi.le.kao.si.tuo.di.kon.sae.nia

筐托 啊 一了 靠司托 第 空赛腻啊?

La spesa di consegna è di cinque yuan, a prescindere da quanto si ordina.

无论您点多少,配送费都是五元。

la.si.pae.sa.di.kon.sae.nia.ae.di.qin.kuai.yuan.
a.pe.rae.shin.dae.rae.da.kuang.tuo.sei.aor~.di.na

啦 司派咋 第 空赛腻啊 爱 勤快 元,啊 普
日爱是因带日爱 大 筐托 斯一 奥日~第呐。

Posso avere il Suo indirizzo?

您的地址是什么?

buo.suo.a.wae.ri~.ae.yi.le.su.ao.yin.di.ri~.yi.cuo

波索 啊外日~爱 一了 速奥 因第日~一错?

Si prega di consegnarlo a n. 120 della Quinto Strada.

请送到第五大道120号。

sei.pe.ri~.ae.ga.di.kon.sae.niar~.lo.a.nu.mae.
ruo.chan.tuo.wan.ti.dae.la.kuin.tuo.si.te.ra~.da

斯一 普日~爱嘎 第 空赛腻啊日~咯 啊 怒卖
若 颤托万踢 带啦 库因托 司特日~啊大。

Consegneremo fra mezz'ora.

我们半小时内送到。

kon.sae.nie.ri~.ae.mo.fu.ra.mae.cuo.ra~

空赛聂日~爱莫 夫日啊 卖错日~啊。

05 住宿

022

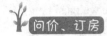

😊 **Quanto costa la stanza singola?**

单人间多少钱一天?

kuang.tuo.kao.si.ta.la.si.tang.ca.si.yin.gao.la

筐托 靠斯他 啦 丝烫擦 丝印告啦?

😊 **Quanto costa la camera doppia con letti singoli?**

双人间多少钱一天?

kuang.tuo.kao.si.ta.la.ka.mae.ra~.duo.bi.ya.kon.lae.di.si.yin.gao.la

筐托 靠斯他 啦卡麦日~啊 多比亚 空 莱蒂 斯印告啦?

😊 **Quanto costa la stanza più economica per una sera?**

最便宜的房间一晚上多少钱?

kuang.tuo.kao.si.ta.la.si.tang.ca.piu.ae.kao.nuo.mi.ka.paer~.wu.na.sae.ra~

筐托 靠司踏 啦 司烫嚓 屁又 爱靠诺咪卡 派日~ 物呐 赛日~啊?

😊 **Quanto costa la stanza migliore per una sera?**

最好的房间一晚上多少钱?

kuang.tuo.kao.si.ta.la.si.tang.ca.mi.liao.rae.paer~.wu.na.sae.ra~

筐托 靠司踏 啦 司烫嚓 咪聊日爱 派日~ 物 呐 赛日~啊?

☺ **Vorrei prenotare una stanza.**

我想预订房间。

wo.ri˜.ae.yi.pu.ri˜.ae.nuo.ta.ri˜.ae.wu.na.si.tang.ca

我 日˜爱伊 普日˜爱诺他日˜爱 无那 四趟擦。

☺ **Vorrei la camera matrimoniale.**

麻烦给我双人床。

wo.ri˜.ae.yi.la.ka.mae.ra˜.ma.te.ri˜.yi.mo.ni.a.lae

我 日˜爱一 啦 卡麦日˜啊 马特日˜一模拟阿赖。

☺ **Vorrei prenotare una camera standard, dal 5 al 10 febbraio.**

我想订一间2月5日到10日的标间。

wo.ri˜.ae.yi.pe.ri˜.ae.nuo.ta.ri˜.ae.wu.na.ka.
mae.ra˜.si.tan.dar˜.de.dal.qin.kuai.al.di.ae.qi.fae.
be.ra˜.yi.ao

我 日˜爱一 普日˜爱诺踏日˜爱 物呐 卡卖日˜
啊 司探大日˜的，大了 勤快 啊了 第爱器 法
埃不日˜啊一奥。

会话

☺ **Vorrei prenotare una stanza.**

我想预订房间。

wo.ri˜.ae.yi.pu.ri˜.ae.nuo.ta.ri˜.ae.wu.na.si.
tang.ca

我 日˜爱伊 普日˜爱诺他日˜爱 无那 四趟擦。

Quale camera preferirebbe, camera matrimoniale o doppia con letti singoli?

请问是要双人床还是两张单人床呢?

kua.lae.ka.mae.ra~.pu.ri~.ae.fae.ri~.yi.ri~.
ae.bae.ka.mae.ra~.ma.te.ri~.yi.mo.ni.a.lae.
ao.duo.bi.a.kon.lae.di.si.yin.gao.li

跨来 卡麦日~啊 扑日~爱菲日~一 日~爱败
卡麦马特日~一模拟阿赖 奥 多比亚 空 莱
蒂 斯印告丽?

Vorrei la camera matrimoniale.

麻烦给我双人床。

wo.ri~.ae.yi.la.ka.mae.ra~.ma.te.ri~.yi.mo.
ni.a.lae

我日~爱一 啦 卡麦日~啊 马特日~一模拟
阿赖。

90 euro per quattro giorni e tre notti.

四天三晚共90欧元。

nuo.wae.ae.wu.ruo~.baer~.kua.te.ruo~.zhuo.
ri~.ni.ae.te.ri~.ae.nuo.ti

诺外 爱物若 败日~ 夸特若~ 桌日~你 爱
特日~爱 诺替。

（ **Porge 100 euro .**

递过100欧元。

bo.ri~.zhae.cento.ae.wu.ruo~

波日~债 颤托 爱物若。）

> **Prendo 100 euro, e Le restituisco 10 euro .**
>
> 收您100欧元，找您10欧元。
>
> pe.ran~.duo.chan.tuo.ae.wu.ruo~.ae.lae.rae.
> si.ti.tu.yi.si.kao.di.ae.qi.ae.wu.ruo~
>
> 普然~多 颠托 爱物若 爱 来 日爱思踢突
> 义司靠 迪爱七 爱物若。

 看房

☺ **Posso vedere la camera?**

我可以看一下房间吗？

bo.suo.wae.dae.ri~.ae.la.ka.mae.ra~

波索 外带日~爱 啦 卡卖日~啊？

☺ **Voglio vedere la camera.**

我想看一下房间。

wo.liao.wae.dae.ri~.ae.la.ka.mae.ra~

握聊 外带日~爱 啦 卡卖日~啊。

☺ **Puoi portarmi a vedere un'altra camera?**

你可以带我看一下别的房间吗？

bo.yi.por~.tar~.mi.a.wae.dae.ri~.ae.wu.na.al.
te.ra~.ka.mae.ra~

波一 破日~踏日~咪 啊 外带日~爱 物呐 啊了
特日~啊？

☺ **Questa camera è un po ' buia.**

这个房间有点儿暗。

kuai.si.ta.ka.mae.ra˜.ae.wen.po.bu.yi.a

快死他 卡卖日˜啊 爱 文破 不一啊。

☺ **Questa camera è luminosa e silenziosa.**

这个房间既明亮又安静。

kuai.si.ta.ka.mae.ra˜.ae.lu.mi.buo.za.ae.sei.lan.
cei.ao.za

快死他 卡卖日˜啊 爱 路咪诺咋 爱 斯一烂次
一奥咋。

☺ **Facilitazione di comunicazione.**

交通便利。

fa.qi.li.ta.cei.ao.nae.di.kao.mu.ni.ka.cei.ao.nae

发起利踏次一奥耐 第 靠木腻卡次一奥耐。

☺ **C'è un balcone?**

有阳台吗?

chae.wen.bal.kao.nae

拆 文 霸了靠耐?

☺ **È una casa con la cucina.**

这个房子带厨房。

ae.wu.na.ka.za.kon.la.ku.qi.na

爱 物呐 卡咋 空 啦 库器呐。

Posso vedere la camera?

我可以看一下房间吗?

bo.suo.wae.dae.ri~.ae.la.ka.mae.ra~

波索 外带日~爱 啦 卡卖日~啊?

Certo. Gliela mostro.

当然可以。我带您去。

chaer~.tuo.li.ae.la.mo.si.te.ruo

拆日~托。利爱拉 莫司特若。

Questa camera è luminosa e silenziosa.

这个房间既明亮又安静。

kuai.si.ta.ka.mae.ra~.ae.lu.mi.buo.za.ae.sei.lan.
cei.ao.za

快死他 卡卖日~啊 爱 路咪诺咋 爱 斯一
烂次一奥咋。

La casa si trova lontano dalla stazione?

离车站多远?

la.ka.za.sei.te.ruo~.wa.long.ta.nuo.da.la.si.ta.
cei.ao.nae

啦 卡咋 斯一 特若~袜 龙踏诺 大啦 司踏
次一奥耐?

In cinque minuti.

五分钟以内。

yin.qin.kuai.mi.nu.ti

因 勤快 咪怒替。

Con il balcone e la cucina.

阳台和厨房都有呢。

kon.yi.le.bal.kao.nae.ae.la.ku.qi.na

空 一了 霸了靠耐 爱 啦 库器呐。

Sì.

是的。

sei

斯一。

La casa è molto buona.L'affitto è molto costoso?

房子很好。房租很贵吧?

la.ka.za.ae.mol.tuo.bu.ao.na.la.fei.tuo.ae.mol. tuo.kao.si.tuo.zuo

啦 卡咋 爱 莫了托 不奥呐。啦费托 爱 莫了托 靠司托做?

300 euro al mese.

一个月300欧元。

te.ri~.ae.chan.tuo.ae.wu.ruo~.al.mae.zae

特日~爱颤托 爱物若~ 啊了 卖在。

Va bene, la prendo.

好的，就这个房间吧。

wa.bae.nae.la.pe.ran~.duo

袜 败耐，啦 普然~多。

要求服务

☺ **Ha bisogno di una sveglia, signore?**

先生，您需要唤醒服务吗？

a.bi.zuo.niao.di.wu.na.zi.wae.li.a.sei.niao.ri~.ae

啊 必做尿 第 物呐 字外利啊，斯一尿日~爱?

☺ **Avete il servizio di sveglia?**

有唤醒服务吗？

a.wae.tae.yi.le.saer~.wei.cei.ao.di.zi.wae.li.a

啊外太 一了 赛日~为次一奥 第 字外利啊?

☺ **Mi svegli alle sette e mezzo, per favore.**

请七点半叫我起床。

mi.zi.wae.li.a.lae.sae.tae.ae.mae.cuo.paer~.fa.wǫ.ri~.ae

咪 字外利 啊赖 赛太 爱 卖错，派日~ 发我 日~爱。

☺ **Avete l'acqua calda 24 ore?**

24小时供应热水吗？

a.wae.tae.la.kua.kal.da.wan.ti.kua.te.ruo~.ao.ri~.ae

啊外太 啦跨 卡了大 万替跨特若~ 奥日~爱?

☺ **La TV della mia camera è rotta, c'è solo l'audio, senza immagini.**

我房间里的电视坏了，只有声音没有画面。

la.ti.wu.dae.la.mi.a.ka.mae.ra~.ae.ruo~.ta.chae.
suo.lo.la.wo.chae.san.ca.yim.ma.ji.ni

啦 替物 带啦 咪啊 卡卖日~啊 爱 若~踏, 拆
索咯 啦 握拆, 散嚓 一么吗记腻。

☺ **Ho bisogno di stirare mio vestito.**

我的西装需要熨一下。

ao.bi.zuo.niao.di.si.ti.ra~.ri~.ae.mi.ao.wae.si.ti.tuo

奥 必做尿 第 司替日~啊 日~爱 咪奥 外司
替托。

☺ **La mia chiave magnetica non funziona.La porta non si apre.**

电磁房卡不起作用。房门打不开。

la.mi.a.ki.a.wae.ma.nie.ti.ka.non.fun.cei.ao.na.
la.por~.ta.non.sei.a.pe.ri~.ae

啦 咪啊 科一啊外 吗聂替卡 诺恩 夫嗯次一
奥呐。 啦 破日~踏 诺恩 斯一 啊普日~爱。

☺ **Mi può portare le valigie in camera?**

可以帮我把行李拿到房间去吗?

mi.bo.por~.ta.ri~.ae.lae.wa.li.zhai.yin.ka.mae.ra~

意大利语翻开就说

咪 波 破日~他日~爱 赖 袜利债 因 卡卖
日~啊？

☺ **L'aria condizionata non funziona, può mandare qualcuno?**

空调坏了，可以派个人来看看吗？

la.ri~.yi.a.kon.di.cei.ao.na.ta.non.fun.cei.ao.na.
bo.mang.da.ri~.ae.kual.ku.nuo

辣日~一啊 空第次一奥呐踏 诺恩 夫嗯次一奥
呐，波 忙大日~爱 跨了库诺？

会话

Avete il servizio di sveglia?

有唤醒服务吗？

a.wae.tae.yi.le.saer~.wei.cei.ao.di.zi.wae.li.a

啊外太 一了 赛日~为次一奥 第 字外利啊？

Sì.

有。

sei

斯一。

Mi svegli alle sette e mezza, per favore.

请七点半叫我起床。

mi.zi.wae.li.a.lae.sae.tae.ae.mae.za.paer~.
fa.wo.ri~.ae

咪 字外利 啊赖 赛太 爱 卖咋，派日~ 发
我日~爱。

186

Ok.

好的。

ou.kei

欧尅。

Mi può portare le valigie in camera?

可以帮我把行李拿到房间去吗？

mi.bo.por~.ta.ri~.ae.lae.wa.li.zhai.yin.ka.mae.ra~

咪 波 破日~他日~爱 赖 袜利债 因 卡卖 日~啊?

Certo.

当然可以。

chaer~.tuo

拆日~托。

Grazie.

谢谢。

ge.ra~.cei.ye

个日~啊 次一也。

结账退房

☺ **Parto stasera, mi prepara il conto.**

我今晚走，请准备好我的账单。

par~.ruo.si.ta.sae.ra~.mi.pe.ri~.ae.pa.ra~.yi.le.kon.tuo

怕日~托 司他赛日~啊，咪 普日~爱怕日~啊 一了 空托。

187

☺ **Un momento.Questo è il conto.**

请稍等，这是账单。

wen.mo.man.tuo.kuai.si.tuo.ae.yi.le.kon.tuo

文 莫慢托。快死托 爱 一了 空托。

☺ **Vorrei lasciare la stanza.**

我要退房。

wo.ri~.ae.yi.la.shia.ri~.ae.la.si.tang.ca

我日~爱一 拉十一啊日~爱 啦 司烫嚓。

☺ **Faccio il check out.**

我要退房。

fa.chiao.yi.le.chae.ke.ao.te

发吃奥 一了 拆克 奥特。

☺ **La Sua carta di credito per favore.**

您的信用卡。

la.su.a.kar~.ta.di.ke.ri~.ae.di.tuo.paer~.fa.wo.ri~.ae

啦 速啊 卡日~踏 第 克日~爱第托 派日~发握
日~爱。

☺ **Metta una firma qui.**

请在这里签字。

mae.ta.wu.na.fei.ri~.ma.kui

卖踏 物呐 费日~骂 亏。

☺ **Mi puoi dare la ricevuta?**

你能把发票给我吗？

mi.bo.yi.da.ri~.ae.la.ri~.yi.chae.wu.ta

咪 波一 大日~爱 啦 日~一拆物踏？

188

Vorrei lasciare la stanza.

我要退房。

wo.ri~.ae.yi.la.shia.ri~.ae.la.si.tang.ca

我 日~爱一 拉十一啊日~爱 啦 司烫嚓。

Ok, 60 euro in totale.

好的，共60欧元。

ou.kei.sae.sang.ta.ae.wu.ruo~.yin.tuo.ta.lae

欧尅，赛桑踏 爱物若~ 因 托踏赖。

Posso pagare con la carta di credito?

我能用信用卡结账吗？

bo.suo.ba.ga.ri~.ae.kon.la.kar~.ta.di.ke.ri~.
ae.di.tuo

波索 霸嘎日~爱 空 啦 卡日~踏 第 克日~
爱第托？

Sì. Metta una firma qui.

可以。请在这里签字。

sei.mae.ta.wu.na.fei.ri~.ma.kui

斯一。卖踏 物呐 费日~骂 亏。

Queste sono la lista e la fattura.

这是清单和发票。

kuai.si.tae.suo.nuo.la.lis.ta.ae.la.fa.ty.ra~

快死太 索诺 啦 利斯踏 爱 啦 发吐日~啊。

Si prega di tenerlo.

请收好。

sei.pe.ri˜.ae.ga.di.tae.naer˜.lo

<u>斯一</u> 普日˜爱嘎 第 太耐日˜咯。

Grazie per le sue visite.

谢谢您每次的惠顾。

ge.ra˜.ci.ae.paer˜.lae.su.ae.wei.zei.tae

<u>戈日˜啊</u> 次耶 派日˜ 赖 苏爱 为贼太。

06 购物 023

☺ **Quanti tipi di questo bicchiere ci sono?**

这个杯子有几种?

kuang.ti.di.pi.di.kuai.si.tuo.bi.ki.ae.ri˜.ae.qi.suo.
nuo

筐踢 第屁 第 快死托 必<u>科一</u>爱日˜爱 器
索诺?

☺ **Quale è meglio?**

哪一种比较好?

kua.lae.ae.mae.liao

跨来 爱 卖聊?

☺ **Quali articoli vendete?**

畅销商品是什么?

kua.li.a.ri.ti.kao.li.wan.dae.tae

跨利 啊日替靠里 万带太?

☺ Cosa c'è di nuovo?

有哪些新功能?

kao.za.chae.di.nu.ao.wo

靠咋 拆 第 怒奥我?

☺ Quale è il più venduto?

卖得最好的是哪种?

kua.lae.ae.yi.le.piu.wan.du.tuo

跨赖 爱 一 了 屁又 万度托?

☺ Come è la qualità?

品质怎么样?

kao.mae.ae.la.kua.li.ta

靠卖 爱 啦 跨利踏?

☺ Facile da usare?

好用吗?

fa.qi.lae.da.wu.za.ri~.ae

发器赖 大 物咋日~爱?

☺ Ci sono altri colori?

有别的颜色吗?

qi.suo.nuo.al.te.ri~.yi.kao.lo.ri~.yi

器 索诺 啊了特日~一 靠咯日~一?

☺ **Ne avete degli altri?**

有别的花样吗?

nae.a.wae.tae.dae.li.al.te.ri˜.yi

耐 啊外太 带利 啊了特日˜一?

会话

🗨 **Questo telefono è molto facile da usare.**

这个手机很好用哦。

kuai.si.tuo.tae.lae.fo.nuo.ae.mol.tuo.fa.qi.lae.
da.wu.za.ri˜.ae

快死托 太赖佛诺 爱 莫了托 发器赖 大
物咋日˜爱。

Uso anch'io.

我也在用。

wu.zuo.ang.kae.yi.ao

物做 昂开一奥。

🗨 **È davvero alla moda.**

确实很时尚。

ae.da.wae.ruo˜.a.la.mo.da

爱 大外若˜ 啊啦 莫哒。

🗨 **Ed è di buona qualità.**

质量也不错哦。

ae.de.ae.di.bo.na.kua.li.da

爱的 爱 第 波呐 跨利踏。

Ne prendo uno anch'io.

那我也买吧。

nae.pe.ran~.duo.wu.nuo.ang.kae.yi.ao

耐 普然~多 物诺 昂开一奥。

Buongiorno!Per favore, mi faccia vedere quella blu.

你好！请给我看一下那个浅蓝色的。

bon.zhuo.ri.nuo.paer~.fa.wo.ri~.ae.mi.fa.chia.
wae.dae.ri~.ae.kuai.la.bu.lu

本卓日诺 派日~ 发我日~爱，咪 发吃啊
外带日~爱 快啦 不路。

询问价格

☺ **Quanto costa?**

多少钱？

kuang.tuo.kao.si.ta

筐托 靠司踏？

☺ **Uno quanto costa?**

一个多少钱？

wu.nuo.kuang.tuo.kao.si.ta

物诺 筐托 靠司踏？

☺ **Quanto costa un chilo?**

一公斤多少钱？

kuang.tuo.kao.si.ta.wen.ki.lo

筐托 靠司踏 文 科一咯？

☺ **Quanto costa una banana?**

一根香蕉多少钱？

kuang.tuo.kao.si.ta.wu.na.ba.na.na

筐托 靠司踏 物呐 霸呐呐？

☺ **Quanto costa un abito?**

一套西服多少钱？

kuang.tuo.kao.si.ta.wen.a.bi.to

筐托 靠司踏 文 啊必托？

会话

🧑 **Quanto costa un chilo?**

一公斤多少钱？

kuang.tuo.kao.si.ta.wen.ki.lo

筐托 靠司踏 文 科一咯？

🧑 **Cinque euro al chilo.**

一公斤5欧元。

qin.kuai.ae.wu.ruo~.a.le.ki.lo

庆快 爱物若~ 啊了 科一咯。

🌵 讨价还价

☺ **Ne avete può darmi più economici?**

能便宜点儿吗？

nae.a.wae.tae.piu.ae.kao.nuo.mi.qi

耐 啊外太 <u>屁又</u> 爱靠诺咪气？

☺ **Se compro di più, può farmi uno sconto?**

如果买的多可以打折吗？

sae.kom.pe.ruo˜.di.piu.bo.far˜.mi.wu.nuo.si.kon.tuo

赛 空么普若˜ 第 <u>屁又</u>，波 发日˜咪 物诺 司 空托？

☺ **Il 10% di sconto.**

打九折。

yi.le.di.ae.qi.paer˜.chan.tuo.di.si.kon.tuo

一了 第爱器派日˜颤托 第 司空托。

☺ **Il prezzo di acquisto di dieci.**

这个价钱买十个。

yi.le.pe.ri˜.ae.cuo.di.a.kui.si.tuo.di.di.ae.qi

一了 普日˜爱错 第 啊亏死托 第 第爱器。

🧑 **Ne avete può darmi più economici?**

能便宜点儿吗？

nae.a.wae.tae.piu.ae.kao.nuo.mi.qi

耐 啊外太 <u>屁又</u> 爱靠诺咪气？

È già abbastanza a buon mercato.

已经够便宜了。

ae.zha.a.bas.tang.ca.a.bon.maer~.ka.tuo

爱 炸 啊霸司烫嚓 啊 波恩 卖日~卡托。

Mi dia più economico, per favore.

稍微便宜点儿吧。

mi.di.a.piu.ae.kao.nuo.mi.kao.baer~.fa.wo.ri~.ae

咪 第啊 屁又 爱靠诺咪靠，白日~ 发我日~爱。

Se a buon mercato, ne comprerò di più.

如果便宜的话，我就多买点儿。

sae.a.bon.maer~.ka.tuo.nae.kom.pe.ri~.ae.ruo~.
di.piu

赛 啊 波恩 卖日~卡托，耐 空么普日~爱
若~ 第 屁又。

Allora, ti faccio il 10% di sconto.

那我就给你打九折吧。

a.lo.ra~.di.fa.chi.ao.yi.le.di.ae.qi.paer~.chan.
tuo.di.si.kon.tuo

啊咯日~啊，第 发吃奥 一了 第爱器派日~
颤托 第 司空托。

 付款

☺ Dove devo pagare?

在哪儿付款？

do.wae.dae.wo.ba.ga.ri˜.ae

剁外 带我 霸嘎日˜爱?

☺ Dov'è la cassa?

收银台在哪儿?

do.wae.la.ka.sa

剁外 啦 咔撒?

☺ La Mastercard va bene?

万事达卡可以吗?

la.ma.si.ter.kar.de.wa.bae.nae

啦 吗司特儿卡儿的 袜 败耐?

☺ Ha spiccioli?

您有零钱吗?

ao.si.pi.chiao.li

啊 司屁吃奥利?

☺ Prenda 10 euro.

收您10欧元。

pe.ran.da.di.ae.qi.ae.wu.ruo˜

普然大 第爱器 爱物若˜。

☺ Prendo do un euro.

找您1欧元。

pe.ran.duo.wen.ae.wu.ruo˜

普然多 文 爱物若˜。

Quanto costa?

多少钱？

kuang.tuo.kao.si.ta

筐托 靠司踏？

70 euro.

70欧元。

sae.tang.ta.ae.wu.ruo~

赛烫踏 爱物若~。

Ecco.

给。

ae.kao

爱靠。

Prenda 100 euro.

收您100欧元。

pe.ran.da.chan.tuo.ae.wu.ruo~

普然大 颤托 爱物若~。

Prende 30 euro.

找您30欧元。

pe.ran.dae.te.ran~.ta.ae.wu.ruo~

普然带 特然~踏 爱物若~。

Questa è la lista.

这是清单。

kuai.si.ta.ae.la.li.si.ta

快死他 爱 啦 利斯踏。

Grazie per il tuo sostegno.

谢谢惠顾。

ge.ra~.cei.ae.paer~.yi.le.du.ao.suo.si.tae.niao

戈日~啊 次一耶 败日~ 一了 度奥 索司 太尿。

☺ **Posso cambiare questo vestito?**

我能换下这件衣服吗？

bo.suo.kam.bi.a.ri~.ae.kuai.si.tuo.wae.si.di.tuo

波索 卡么必啊日~爱 快死托 外司第托?

☺ **Posso restituirlo?**

我能退货吗？

bo.suo.ri~.ae.si.di.du.yir~.lo

波索 日~爱司第度一日~咯?

☺ **Posso cambiarlo?**

我能换一下吗？

bo.suo.kam.bi.a.ri~.lo

波索 卡么必啊日~咯?

199

☺ **Voglio avere un rimborso.**

我想退货。

wo.liao.a.wae.ri˜.ae.wen.ri˜.yim.bor˜.suo

握聊 啊外日˜爱 文 日˜一么波日˜索。

☺ **Vorrei restituire solo questo articolo.**

我就想退货。

wo.ri˜.ae.yi.ri˜.ae.si.di.du.yi.ri˜.ae.suo.lo.kuai.
si.tuo.ar˜.ti.kao.lo

握日˜爱一 日˜爱司第度一日˜爱 索咯 快死托
啊日˜替靠咯。

🧑 **Scusa, queste scarpe sono un po' grandi, posso cambiarle?**

打扰了，这双鞋有点大，能给我换一下吗？

si.ku.za.kuai.si.tae.si.kar˜.pae.suo.nuo.wen.
po.ge.rang˜.di.bo.suo.kam.bi.a.ri˜.lae

司库咋,快死太 司卡日˜派 索诺 文破 个
让˜第，波索 卡么必啊日˜赖?

🧑 **Mi dispiace molto.**

非常抱歉。

mi.di.si.bi.a.chai.mol.tuo

咪 迪司比啊拆 莫了托。

Provi questo paio.

那您试试这双。

pe.ruo.wei.kuai.si.tuo.ba.yi.ao

普若˜为 快死托 霸一奥。

Mi va benissimo questo paio.

这双正合适。

mi.wa.bae.ni.sei.mo.kuai.si.tuo.ba.yi.ao

咪 袜 败腻司一莫 快死托 霸一奥。

观光娱乐 ●024

☺ **Dove posso comprare il biglietto?**

在哪儿买票?

do.wae.bo.suo.kom.pe.ra˜.ri˜.ae.yi.le.bi.lia.ae.tuo

剁外 波索 空么普日˜啊 日˜爱 一了 必利
艾托?

☺ **Vorrei comprare un biglietto.**

我买一张票。

wo.ri˜.ae.yi.kom.pe.ra˜.ri˜.ae.wen.bi.lia.ae.tuo

我日˜爱一 空么普日˜啊 日˜爱 文 必利
艾托。

☺ **Vorrei comprare due biglietti.**

我买两张票。

wo.ri˜.ae.yi.kom.pe.ra˜.ri˜.ae.du.ae.bi.lia.ae.ti

我 日˜爱一　空么普日˜啊　日˜爱　度爱　必利艾替。

☺ **Quanto costa un biglietto?**

一张票多少钱?

kuang.tuo.kao.si.ta.wen.bi.li.ae.tuo

筐托　靠死他　文　必利艾托?

☺ **C'è lo sconto per gli studenti?**

对学生有优惠吗?

chae.lo.si.kon.tuo.baer˜.li.si.tu.dan.ti

拆　咯　司空托　败日˜　利　司吐但替?

会话

👦 **Quanto costa un biglietto?**

一张票多少钱?

kuang.tuo.kao.si.ta.wen.bi.li.ae.tuo

筐托　靠死他　文　必利艾托?

👧 **10 euro .**

10欧元。

di.ae.qi.ae.wu.ruo˜

第爱七　爱物若˜。

C'è lo sconto per gli studenti?

对学生有优惠吗?

chae.lo.si.kon.tuo.baer~.li.si.tu.dan.ti

拆 咯 司空托 败日~ 利 司吐但替?

A metà prezzo. Ma, bisogna avere la carta dello studente.

半价。不过,需要学生证。

a.mae.ta.pe.ri~.ae.cuo.ma.bi.zuo.nia.a.wae.rae.la.kar~.ta.dae.lo.si.tu.dan.tae

啊 卖踏 普日~爱错。吗,必做腻啊 啊外 日爱 啦 卡日~踏 带咯 司吐但太。

Questa è la mia carta dello studente.

这是我的学生证。

kuai.si.ta.ae.la.mi.a.kar~.ta.dae.lo.si.tu.dan.tae

快死踏 爱 啦 咪啊 卡日~踏 带咯 司吐但太。

Per favore mi dia un biglietto.

请给我一张票。

baer~.fa.wo.ri~.ae.mi.di.a.wen.bi.li.ae.tuo

白日~ 发我日~爱 咪 第啊 文 必利艾托。

询问景点位置

☺ **Mi Scusi, è questa la strada per la Città Proibita?**

请问去故宫是这条路吗?

mi.si.ku.zei.ae.kuai.si.ta.la.si.te.ra~.da.baer~.la.qi.

203

ta.pe.ruo~.yi.bi.ta

咪 四库贼，爱 快死他 啦 司特日~啊大 败日
~ 啦 器踏 普若~一必路？

☺ **Quello è il Palazzo d'Estate?**

那儿是颐和园吗？

kuai.lo.ae.yi.le.pa.la.cuo.dae.si.ta.tae

快咯 爱 一了 霸辣错 带司踏太？

☺ **Dove posso prendere l'auto bus turistico all'Università di Pechino.**

在哪儿能坐上去北京大学的观光车？

duo.wae.bo.suo.pe.ran~.dae.ri.ae.law.tuo.bu.si.
tu.ri.si.ti.kou.a.lu.ni.waer~.sei.ta.di.pae.ki.nuo

多外 波索 普然~带日~爱 烙托 不司 突日一
司替扣 啊路腻外日~斯一踏 第 派科一诺？

☺ **Quello è il Colosseo?**

那栋建筑物是罗马斗兽场吗？

kuai.lo.ae.yi.le.kao.lo.sae.ao

快咯 爱 一了 靠咯赛奥？

☺ **Qual'è la strada per il Duomo di Milano?**

去米兰大教堂的路是哪一条？

kua.lae.la.si.te.ra~.da.baer~.yi.le.du.ao.mo.di.
mi.la.nuo

跨赖 啦 司特日~啊大 爱 一了 度奥莫 第 咪
辣诺？

☺ **Dove si trova la Torre di Pisa?**

比萨斜塔在哪边？

duo.wae.sei.te.ruo~.wa.la.tuo.ri~.ae.di.pi.sa

多外 斯一 特若~袜 啦 托日~爱 第 屁撒?

Mi scusi, è questa la strada per la Città Proibita?

请问去故宫是这条路吗？

mi.si.ku.zei.ae.kuai.si.ta.la.si.te.ra~.da.baer~.la.qi.ta.pe.ruo~.yi.bi.ta

咪 四库贼, 爱 快死他 啦 司特日~啊大 败 日~ 啦 器踏 普若~一必踏?

Sì.

是的。

sei.

斯一。

Grazie mille!

非常感谢！

ge.ra~.ci.ae.mi.lai

戈日~啊 次耶 秘赖!

意大利语翻开就说

在游乐场

☺ **Questo gioco è gratuito?**

这个游戏是免费的吗?

kuai.si.tuo.zhuo.kao.ae.ge.ra~.tu.yi.tuo

快死托 桌靠 爱 个日~啊吐一托?

☺ **L'ingresso in questo parco tematico è gratuito?**

这个主题公园是免费开放的吗?

lin.ge.rae.suo.yin.kuai.si.ta.par.kao.tae.ma.ti.kou.
ae.ge.ra.du.yi.tuo

林个日爱索 因 快司踏 怕日扣 太骂替扣 爱
个日啊度一托?

☺ **Si può andare in barca qui?**

在这儿能划船吗?

sei.bo.an.da.ri~.ae.yin.bar~.ka.kui

斯一 波 按大日~爱 因 霸日~卡 亏?

☺ **Andiamo sui go-kart.**

我们去开卡丁车吧。

an.di.a.mo.su.yi.gou.kar.te

按第啊莫 啊 苏一 够卡日特。

☺ **Si può fare bungee?**

能蹦极吗?

sei.bo.fa.ri~.ae.bun.zhae

斯一 波 发日~爱 波恩债?

206

会话

Quante persone!

人真多啊!

kuang.tae.paer~.suo.nae

筐太 派日~索耐!

Davvero.Cosa giochiamo?

是啊。玩儿什么呢?

da.wae.ruo~.kao.za.zhuo.ki.a.mo

大外若~。靠咋 桌科一啊莫?

Andiamo sui go-kart.

我们去开卡丁车吧。

an.di.a.mo.su.yi.gou.kar.te

按第啊莫 苏一 够卡日特。

Buona idea!

好主意!

bon.na.yi.dae.a

波恩呐 一带啊!

 看电影

☺ **Ho comprato un biglietto su internet.**

我在网上买了一张电影票。

意大利语翻开就说

ao.com.pe.ra~.tuo.wen.bi.lia.ae.tuo.su.yin.ter.nae.te

奥 空么普日~啊托 文 必利艾托 苏 因特儿耐特。

☺ **A che ora si comincia?**

几点开始?

a.kae.ao.ra~.sei.kao.min.chia

啊 开 奥日~啊 斯一 靠民吃啊?

☺ **Dove si controlla no i biglietti?**

在哪儿检票?

do.wae.sei.kon.te.ruo~.la.nuo.yi.bi.li.ae.ti

多外 斯一 空特若~啦 诺 一 必利艾替?

☺ **Dov'è l'ingresso?**

入口在哪儿?

do.wae.lin.ge.ri~.ae.suo

多外 林个日~爱索?

☺ **Quanto ci vuole per la proiezione del film ?**

放映时间有多长?

kuang.tuo.qi.wo.lae.paer.la.pe.ruo~.yi.ae.cei.
ao.nae.dae.le.fei.le.me

筐托 器 握赖 派日 啦 普若~一爱次一奥耐
带 了 费了么?

☺ **È un film fantastico.**

真是一部不错的电影啊。

ae.wen.fei.le.me.fan.ta.si.ti.kao

爱 文 费了么 饭踏司替考。

Mi scusi, ho comprato un biglietto per " Inception ", a che ora si comincia?

请问，我买了《盗梦空间》的票，应该几点入场？

mi.si.ku.zei.ao.com.pe.ra~.tuo.wen.bi.lia. ae.tuo.pai.ri.yin.chae.pe.shen.a.kae.ao.ra~.sei. kao.min.chia

咪 四库贼，奥 空么普日~啊托 文 必利艾 托 派日 因拆普深，啊 开 奥日~啊 斯一 靠民吃啊？

I biglietti sarrano controllati fra mezz'ora.

30分钟后检票。

yi.bi.li.ae.ti.sa.ra.no.kon.te.ruo.la.ti.fu.ra~.mae.cuo.ra~

一 必利艾替 撒日啊 诺 空特若拉替 夫日~啊 卖错日~啊。

Dove si controllano i biglietti?

在哪儿检票？

do.wae.sei.kon.te.ruo~.la.no.yi.bi.li.ae.ti

多外 斯一 空特若~啦诺 一 必利艾替？

Da questa parte, per favore.

这边请。

da.kuai.si.ta.par~.tae.baer~.fa.wo.ri~.ae

大 快死他 怕日~太 白日~ 发我日~爱。

Grazie mille!

非常感谢!

ge.ra~.ci.ae.mi.lai

戈日~啊 次耶 秘赖!

 演唱会

☺ **Andiamo al concerto.**

我们去音乐会吧。

an.di.a.mo.a.le.kon.chaer~.tuo

按第啊莫 啊了 空拆日~托。

☺ **I biglietti sono pochi.**

票很紧俏。

yi.bi.lia.ae.ti.suo.nuo.bo.ki

一 必利艾替 索诺 波科一。

☺ **A che ora si comincia?**

几点开始?

a.kae.ao.ra~.sei.kao.min.chia

啊 开 奥日~啊 斯一 靠民吃啊?

☺ **Dobbiamo andarci!**

我们一定要去!

duo.bi.a.mo.an.dar~.qi

多必啊莫 按大日~器!

210

☺ **Sono tutti molto eccitati.**

大家都很兴奋。

suo.nuo.du.ti.mol.tuo.ae.qi.ta.ti

索诺 度替 莫了托 爱器踏替。

☺ **È molto vivace.**

真热闹。

ae.mo.le.tuo.wei.wa.chae

艾 莫了托 为袜拆。

会话

> **Davvero vivace.**
>
> 真热闹。
>
> da.wae.ruo~.wei.wa.chae
>
> 大外若~ 为袜拆。
>
> **Sono tutti molto eccitati.**
>
> 大家都很兴奋。
>
> suo.nuo.du.ti.mol.tuo.ae.qi.ta.ti
>
> 索诺 度替 莫了托 爱器踏替。
>
> **È un cantante molto famoso.**
>
> 不愧是著名的歌手。
>
> ae.wae.ra~.man.tae.wen.kang.dang.tae.mo.le.tuo.
> fa.mo.zuo.
>
> 爱 外日~啊慢太 文 抗荡太 莫了托 发莫做。

运动

☺ **Faccio sport ogni giorno.**

我每天都运动。

fa.chiao.si.por~.te.ao.ni.zhuor~.nuo

<u>发吃奥</u> 司破日~特 奥腻 桌日~诺。

☺ **Faccio allenamento in palestra.**

我在健身房锻炼身体。

fa.chiao.a.lae.na.man.tuo.yin.pa.lae.si.te.ra~

<u>发吃奥</u> 啊 赖呐慢托 因 怕赖司特若~。

☺ **Mi piacciono i giochi con la palla.**

我喜欢球类运动。

mi.bi.a.chuo.nuo.yi.zhuo.ki.kon.la.pa.la

咪 必啊戳诺 一 <u>桌科一</u> 空 啦 怕啦。

☺ **Sto facendo yoga.**

我正在做瑜伽。

si.tuo.fa.chan.duo.yo.ga

司托 发颤多 要嘎。

☺ **Mi piace nuotare.**

我最喜欢游泳。

mi.bi.a.chae.nu.ao.ta.ri~.ae

咪 必啊拆 怒奥踏日~爱。

☺ **Correre.**

跑步。

kao.ri˜.ae.ri˜.ae

靠日˜爱 日˜爱。

☺ **Gioco a badminton.**

我打羽毛球。

zhuo.kao.a.bae.de.min.ten

桌靠 啊 败的命疼。

☺ **Mi tuffo di tanto in tanto.**

我偶尔潜水。

mi.tu.fo.di.dang.tuo.yin.dang.tuo

咪 吐佛 第 荡托 因 荡托。

会话

🧑 **Buongiorno! Sembra di stare benissimo!**

早上好！您看起来精神不错啊！

bon.zhuor˜.nuo.sam.be.ra˜.di.si.ta.ri˜.ae.bae.ni.sei.mo

本卓日˜诺！散么不日˜啊 第 司踏日˜爱 败腻斯一莫！

Fa spesso sport.

经常运动吧。

fa.si.pae.suo.si.por˜.te

发 司派索 司破日˜特。

Corro tutti i giorni.

我每天都坚持慢跑。

kuo.ruo.du.ti.yi.zhuor~.ni

扩若 度替 一 桌日~腻。

E tu?

你呢?

ae.du

爱 度?

Mi tuffo di tanto in tanto.

我偶尔潜水。

tu.fo.di.dang.tuo.yin.dang.tuo

吐佛 第 荡托 因 荡托。

找洗手间

☺ **Mi scusi，dov'è il bagno?**

请问，厕所在哪儿?

mi.si.ku.zei.duo.wae.yi.le.ba.niao

咪 四库贼，多外 一了 霸尿?

☺ **Dov'è il bagno?**

洗手间在哪儿?

214

duo.wae.yi.le.ba.niao

多外 衣了 巴尿?

☺ **Dov'è il gabinetto di decenza?**

洗手间在哪儿?

duo.wae.yi.le.ga.bi.nae.tuo.di.dae.chan.ca

多外 一了 嘎必耐托 第 带颤嚓?

☺ **Dove sono i servizi igenici?**

洗手间在哪儿?

duo.wae.suo.nuo.yi.saer.wei.ci.yi.yi.zhae.ni .qi

多外 索诺 一 赛日~为次一 一债腻器?

会话

🗣 **Mi scusi, dov'è il bagno?**

请问,厕所在哪儿?

mi.si.ku.zei.duo.wae.yi.le.ba.niao

咪 四库贼,多外 一了 霸尿?

🗣 **Vada dritto su questa strada, è a sinistra.**

沿这条路直走,左边就是。

wa.da.de.ri~.yi.tuo.su.kuai.si.ta.si.te.ra~.da.ae.
a.sei.ni.si.te.ra~

袜大 的 日~一托 苏 快死他 司特日~啊
大,爱 啊 斯一腻死特日~啊。

215

08 在邮局

寄信或明信片

☺ **A che ora apre l'ufficio postale?**

邮局的营业时间是什么时候?

a.kae.ao.ra~.a.pe.rae.lu.fei.chiao.po.si.ta.lae

啊 开 奥日~啊 啊 普日爱 路费吃奥 破司踏 日~爱?

☺ **Voglio inviare una lettera.**

我要寄信。

wo.liao.yin.wei.a.ri~.ae.wu.na.lae.tae.ra~

握聊 因为啊日~爱 物呐 赖太日~啊。

☺ **Voglio inviare una cartolina.**

我想寄明信片。

wo.liao.yin.wei.a.ri~.ae.wu.na.kar~.tuo.li.na

握聊 因为啊日~爱 物呐 卡日~托利呐。

☺ **Si prega di scrivere sulla busta.**

请写好信封。

sei.pe.ri~.ae.ga.di.si.ke.ri~.yi.wae.ri~.ae.su.la.bus.ta

斯一 普日~爱嘎 第 司克日~一外日~爱 苏啦 不司他。

☺ **Voglio inviare con posta ordinaria.**

我想寄普通信件。

wo.liao.yin.wei.a.ri͂.ae.kon.po.si.ta.ao.ri͂.di.na.ri͂.yi.a

握聊 因位啊日͂爱 空 破司它 奥日͂第呐日͂
一啊。

☺ **Voglio inviare una raccomandata.**

我想寄挂号信。

wo.liao.yin.wei.a.ri͂.ae.wu.na.ra͂.kao.man.da.ta

握聊 因位啊日͂爱 物呐 日͂啊靠忙大踏。

☺ **Voglio inviare per via aerea.**

我想寄航空邮件。

wo.liao.yin.wei.a.ri͂.ae.paer.wei.a.a.ae.rae.a

握聊 因位啊日͂爱 派日 为啊 啊艾日艾啊。

☺ **Voglio inviare con posta prioritaria.**

我想寄快件。

wo.liao.yin.wei.a.rae.kon.po.si.ta.pe.ri.ao.ri.ta.ri.a

握聊 印为啊日艾 空 破司踏 普日一奥日一踏
日啊。

☺ **Quando arriverà a Roma?**

寄到罗马要多长时间？

kuang.duo.a.ri.wae.ra.a.ruo͂.ma

筐多 啊日<u>一外日</u>啊 啊 若~吗?

☺ **Quanto costa l'affrancatura di una lettera per via aerea a Londra?**

寄到伦敦的航空信邮资是多少?

kuang.tuo.kao.si.ta.la.fu.rang~.ka.tu.ra~.di.wu.
na.lae.tae.ra~.paer.wei.a.a.ae.rae.a.a.long.de.ra~

筐托 靠司踏 啦夫让~卡吐日~啊 第 物呐 赖太
<u>日~啊</u> 派日 为啊 啊艾日艾啊 啊 龙的日~啊?

☺ **Voglio comprare i francobolli e le buste.**

我想买邮票和信封。

wo.liao.kom.pe.ra~.ri~.ae.yi.fu.rang~.kao.bo.li.
ae.lae.bu.si.tae

握聊 空么普<u>日~啊</u> <u>日~爱</u> 一 夫让~靠波利 爱
赖 不司太?

☺ **Si prega di notare il nostro indirizzo e codice postale.**

请注明邮寄地址和邮编。

sei.pe.ri~.ae.ga.di.nuo.ta.ri~.ae.yi.le.nuo.si.te.
ruo~.yin.di.ri~.yi.cuo.ae.kao.di.chae.po.si.ta.lae

<u>斯一</u> 普<u>日~爱</u>嘎 第 诺踏<u>日~爱</u> 一了 诺司特
若~ 因第<u>日~</u>一错 爱 靠第拆 破司踏赖。

☺ **Si prega di scrivere l'indirizzo del destinatario.**

请写下收件人的地址。

sei.pe.ri~.ae.ga.di.si.ke.ri~.yi.wae.ri~.ae.lin.di.ri~.
yi.cuo.dae.le.dae.si.ti.na.ta.ri~.yi.ao

斯一 普日˜爱嘎 第 林第日˜一错 带了 带司
替呐踏日˜一奥。

☺ **C'è la cartolina d'auguri per l'anno nuovo?**

有贺年卡吗?

chae.la.kar˜.tuo.li.na.daw.gu.ri˜.yi.paer˜.la.nuo.
nu.ao.wo

拆 啦 卡日˜托利呐 到物故日˜一 派日˜ 辣诺
怒奥握?

☺ **Dove posso imbucare la cartolina?**

明信片投到哪儿?

duo.wae.bo.suo.yim.bu.ka.ri˜.ae.la.kar˜.tuo.li.na

多外 波索 一么不卡日˜爱 啦 卡日˜托利呐?

☺ **Quanto tempo ci vuole per spedirla?**

什么时候能寄到?

kuang.tuo.dam.po.qi.wo.lae.paer˜.si.pae dir.la

筐托 但破 器 握赖 派日˜ 司派第日˜啦?

会话

 Buongiorno! Vorrei inviare una lettera.

你好,我想寄信。

bon.zhuor˜.nuo.wo.rae.yi.yin.wei.a.ri˜.ae.wu.
na.lae.tae.ra˜

本卓日˜诺! 握日艾一 因为啊日˜爱 物呐
赖太日˜啊。

Ordinaria?

寄普通信件吗？

ao.ri~.di.na.ri~.yi.a

奥日~第呐日~一啊？

No, raccomandata.

不，寄挂号信。

nou.ra~.kao.man.da.ta

闹，日~啊靠忙大踏。

Si prega di scrivere sulla busta.

请写好信封。

sei.pe.ri~.ae.ga.di.si.ke.ri~.yi.wae.ri~.ae.su.la.bus.ta

斯一　普日~爱嘎　第　司克日~一外日~爱　苏啦　不司他。

Ok.Va bene così?

好的。这样可以了吗？

ou.kei.wa.bae.nae.kao.zei

欧尅。袜　败耐　靠贼？

Ok.Affranchi questa busta.

可以了。请把这个邮票贴好。

ou.kei.a.fu.rang~.ki.kuai.si.ta.bu.si.ta

欧尅。啊夫让~科一　快死他　不司踏。

Si prega di inserire nella cassetta della posta.

请投入邮筒。

sei.pe.ri~.ae.ga.di.yin.sae.ri~.yi.ri~.ae.nae.la.ka.zae.ta.dae.la.po.si.ta

斯一 普日~爱嘎 第 因赛日~一 日~爱 耐
啦 卡再踏 带啦 破司他。

Il francobollo costa 15 euro.

邮费是15欧元。

yi.le.fu.rang.kao.bo.luo.kao.si.ta.kuin.di.qi.ae.wu.ruo~

一了 夫让靠波咯 靠司踏 库因第七 爱物若~。

寄包裹

☺ **Voglio inviare un pacchetto.**

我想寄包裹。

wo.liao.yin.wei.a.ri~.ae.wen.pa.kae.tuo

握聊 因为啊日~爱 文 怕开托。

☺ **Compili questo modulo, per favore.**

请填写这张表格。

kom.pi.li.kuai.si.tuo.mo.du.lo.baer~.fa.wo.ri~.ae

空么屁利 快死托 莫度咯，白日~ 发我日~爱。

☺ **Cosa vuole inviare?**

您要寄什么？

kao.za.wuo.lae.yin.wei.a.ri~.ae

靠咋 握赖 因为啊日~爱?

☺ **Ho bisogno di inviare questo corriere durante la notte.**

我要寄夜间快递。

ao.bi.zuo.niao.di.yin.wei.a.ri~.ae.kuai.si.tuo.kao.li

ae rae.ri~.ae.du.rang~.tae.la.nuo.tae

奥 必做尿 第 因为啊日~爱 快死托 靠日一艾
日~爱 度让~太 啦 诺太。

😊 **Non può spedire liquidi e cosmetici.**

不能寄液体和化妆品。

non.bo.si.pae.di.ri~.ae.li.kui.di.ae.kao.si.mae.di.qi

诺嗯 波 司派第日~爱 利亏第 爱 靠司卖第
七。

😊 **Meno di un chilo costa 15 euro.**

一公斤以内费用是15欧元。

mae.nuo.di.wen.ki.lo.kao.si.ta.kuin.di.qi.ae.wu.
ruo~

卖诺 第 文 科一咯 靠死踏 库因第七 爱物
若~。

😊 **Ho paura che il vostro pacco sia fuori misura.**

恐怕您的包裹超尺寸了。

ao.bao.wu.ra~.kae.yi.le.wo.si.te.ruo~.pa.kao.si.yi.
a.fu.ao.ri.mi.zu.ra

奥 宝物日~啊 开 一了 握司特日~若 怕靠 斯
一啊 夫奥日一 咪租日啊。

😊 **Scriva il nome e l'indirizzo in modo chiaro, per favore.**

请把名字和地址写清楚。

si.ke.ri~.yi.wa.yi.le.nuo.mae.ae.lin.di.ri~.yi.cuo.
yin.mo.duo.ki.a.ra~.baer~.fa.wo.ri~.ae

司克日一袜 一了 诺卖 爱 林第日~一错 因
莫多 科一啊日~啊，白日~ 发我日~爱。

☺ **Quanto costa spedire questo pacco per via aerea?**

这个包裹寄空运的费用是多少?

kuang.tuo.kao.si.ta.si.pae.di.rae.kuai.si.tuo.pa.kao.
paer~.wei.a.a.ae.ri~.ae.a

筐托 靠司路 司派第日共 快死托 怕靠 派日~
为啊 啊爱日~爱啊?

☺ **Vorrei inviare un pacchetto a Pechino.**

我想把这个包裹寄到北京。

wo.rae.yi.yin.wei.a.ri~.ae.wen.pa.kae.tuo

握日艾一 因为啊日~爱 文 怕开托 啊 派科一
诺。

Salve, per favore mi dia una scatola.

你好,请给我一个包裹箱。

sa.le.wae..baer~.fa.wo.ri~.ae.mi.di.a.wu.na.si.
ka.tuo.la

撒了外, 白日~ 发我日~爱 咪 第啊 物呐
司卡托啦。

Ok. Cosa vuole inviare?

好的。您想寄什么?

ou.kei.kao.za.wuo.lae.yin.wei.a.ri~.ae

欧尅。靠咋 握赖 因为啊日~爱?

Solo libri e vestiti.

只有书和衣服。

suo.lo.li.bu.ri˜.yi.ae.wae.si.di.di

索咯 利不日˜一 爱 外司第第。

Ok. Compili questo modulo, per favore.

好的。那么请填写这张表格。

ou.kei.kom.pi.li.kuai.si.tuo.mo.du.lo.baer˜.
fa.wo.ri˜.ae

欧尅。空么屁利 快死托 莫度咯，白日˜
发我日˜爱。

Va bene.

好的。

wa.bae.nae

袜 败耐。

 发电报

☺ **Si può inviare un telegramma qui?**

这里能发电报吗？

sei.bo.yin.wei.a.ri˜.ae.wen.tae.lae.ge.ra˜.ma.kui

斯一 波 因为啊日˜爱 文 太赖个日˜啊吗 亏？

☺ **Quanto tempo ci vuole?**

要花多长时间？

kuang.tuo.dam.po.qi.wo.lae

筐托 但破 器 握赖？

第三部分 情景应急口语

☺ **Si prega di scrivere il messaggio.**

请写电文。

sei.pe.ri˜.ae.ga.di.si.ke.ri˜.yi.wae.ri˜.ae.yi.le.mae.sa.zhuo

斯一 普日˜爱嘎 第 司克日˜一外日˜爱 一了
卖撒桌。

☺ **Scrivi il nome e l'indirizzo chiaramente, per favore.**

请把名字和地址写清楚。

si.ke.ri˜.yi.wei.yi.le.nuo.mae.ae.lin.di.ri˜.yi.cuo.
ki.a.ra˜.man.tae.baer˜.fa.wo.ri˜.ae

司克日一位 一了 诺卖 爱 林第日˜一错 科一
啊日˜啊慢太，白日˜ 发我日˜爱。

☺ **Per favore mi aiuti a inviare un telegramma urgente.**

请替我发一份加急电报。

baer˜.fa.wo.ri˜.ae.mi.a.you.ti.a.yin.wei.a.ri˜.
ae.wen.tae.lae.ge.ra˜.ma.wur˜.zhan.tae

白日˜ 发我日˜爱 咪 啊又替 啊 因为啊日˜爱
文 太赖个日˜啊吗 物日˜占太。

会话

🔴 **Buongiorno, mi aiuti a inviare un telegramma urgente per favore.**

你好，请替我发一份加急电报。

bon.zhuor˜.nuo.mi.a.you.ti.a.yin.wei.a.ri˜.
ae.wen.tae.lae.ge.ra˜.ma.wur˜.zhan.tae.baer˜.
fa.wo.ri˜.ae

225

本卓日~诺，咪 啊又替 啊 因为啊日~爱
文 太赖个日~啊吗 物日~占太 白日~ 发我
日~爱 。

Si prega di scrivere il messaggio e l'informazione
del destinatario.

请详细填写电文和收件人信息。

sei.pe.ri~.ae.ga.di.si.ke.ri.wae.ri~.ae.yi.le.mae.
sa.zhuo.ae.lin.for~.ma.cei.ao.nae.dael.dae.si.ti.
na.ta.ri~.yi.ao

斯一 普日~爱嘎 第 司克日一外日~爱 一
了 卖撒桌 爱 林佛日~吗次一奥耐 带了
带司替呐踏日一~奥。

Va bene. Fra un'ora arriverà al destinatario.

好的。一小时后对方能收到。

wa.bae.nae.fu.ra~.wen.ao.ra~.a.ri.wae.
ra.a.le.dae.si.ti.na.ta.ri.yi.ao

袜 败耐。夫日~啊 文奥日~啊 啊日一外日
啊 啊了 带司替呐踏日一奥

 汇款

☺ Buongiorno, vorrei spedire un vaglia.

你好，我想汇款。

bon.zhuor~.nuo.wo.rae.yi.si.pae.di.ri~.ae.wen.
wa.li.a

本卓日~诺，握日艾一 司派第日~爱 文 袜利啊。

☺ **In contanti o preferisce un bonifico?**

您是要汇现金还是转账呢？

yin.kon.tang.ti.ao.pe.rae.fae.ri.shi.ae.wen.bo.ni.fei.ko

因 空汤替 奥 普日艾发艾日一是艾 文 波腻 费靠？

☺ **Potrebbe indicare l'importo, l'indirizzo e le altre informazioni correlate in questo modulo per favore.**

麻烦您在这张表上填写金额、住所等相关信息。

bo.te.ri~.ae.bae.yin.di.ca.rae.lim.por.tuo.lin.di.ri.
cuo.ae.lae.a.le.te.ri~.ae.yin.for~.ma.ci.yi.ao.ni.kao.
ri~.ae.la.tae.yin.kuai.si.tuo.mo.du.lo.paer.fa.wo.rae

波特日~爱败 因第卡日艾 林破日托，林第日一 错 爱 来 啊了特日~爱 因佛日~骂次一奥腻 靠 日~爱啦太 因 快死托 莫度咯败日 发握日艾。

☺ **Ha la carta d'identità?**

带身份证了吗？

a.la.kar~.ta.di.dan.ti.ta

啊 啦 卡日~踏 第但替踏？

☺ **Ci sono ancora 30 euro di commissione.**

还有30欧元的手续费。

qi.suo.nuo.ang.kao.ra~.te.ran~.ta.ae.wu.ruo~.
di.kao.mi.si.yi.ao.nae

七 索诺 昂靠日~啊 特然~踏 爱物若 第 靠咪 司一奥耐。

☺ **Firmi il vaglia, per favore.**

麻烦在汇款单上签字。

fei.ri~.mi.yi.le.wa.lia.baer~.fa.wo.ri~.ae

费日~咪 一了 袜利啊，白日~ 发握日~爱。

☺ **Conosce numero di conto del destinatario?**

您知道对方的账号吗？

kuo.nuo.shae.nu.mae.ruo.di.kon.tuo.dae. le.dae.
si.ti.na.ta.ri.yi.ao

靠闹是艾 怒卖若 第 空托 带了 带司替呐踏
日一奥？

🧑 **Buongiorno, vorrei spedire un vaglia.**

你好，我想汇款。

bon.zhuor~.nuo.wo.rae.yi.si.pae.di.ri~.ae.wen.wa.li.a

本卓日~诺，握日艾一 司 派第日~爱 文
袜利啊。

👩 **Potrebbe indicare l'importo, l'indirizzo e le
altre informazioni correlate in questo modulo
per favore.**

麻烦您在这张表上填写金额、住所等相关
信息。

bo.te.ri~.ae.bae.yin.di.ca.rae.lim.por.tuo.lin.di.ri.
cuo.ae.lae.a.le.te.ri~.ae.yin.for~.ma.ci.yi.ao.ni.kao.
ri~.ae.la.tae.yin.kuai.si.tuo.mo.du.lo.paer.fa.wo.rae

波特日~爱败 因第卡日艾 林破日托，林第

日一错 爱 来 啊了特日~爱 因佛日~骂次 一奥腻 靠日~爱啦太 因 快死托 莫度咯败 日 发握日艾。

💬 **Va bene.**

好的。

wa.bae.nae

袜 败耐。

09 在银行

存/取款

☺ **Buongiorno, vorrei fare un deposito.**

你好，我想存钱。

bon.zhuor~.nuo.wo.rae.yi.fa.rae.yi.wen.dae.po.zei.tuo.

本卓日~诺，握日艾一 发日艾 文 带破贼托。

☺ **Buongiorno, vorrei prelevare.**

你好，我要取钱。

bon.zhuor~.nuo.wo.rae.yi.pe.ri~.ae.lae.wa.ri~.ae.

本卓日~诺，握日艾一 普日~爱赖袜日~爱。

☺ **Per favore, mi dia il numero di conto e la carta d'identità.**

请把账户和身份证给我。

baer~.fa.wo.ri~.ae.mi.di.a.yi.le.nu. mae.ruo.
di.kon.tuo.ae.la.kar~.ta.di.dan.ti.ta

白日~ 发我日~爱 咪 第啊 一了 怒卖若 第 空托 爱 啦 卡日~踏 第但替踏。

229

☺ **Quanto vuole depositare?**

您想存多少钱?

kuang.tuo.wo.lae.dae.po.zei.ta.rae.ri~.ae

筐托 握赖 带破贼他日艾日~爱?

☺ **Si prega di inserire la password.**

请输入密码。

sei.pe.ri~.ae.ga.di.yin.sae.ri~.yi.ri~.ae.la.pas.wor.de

斯一 普日~爱嘎 第 因赛日~一 日~爱 啦 怕死握日的。

☺ **Deposito a vista o deposito vincolato?**

存活期还是定期?

dae.po.sei.tuo.a.wei.si.ta.ao.dae.po.sei.tuo.win.kao.la.tuo

带破斯一托 啊 为司踏 奥 带破斯一托 物因靠啦托?

☺ **Password errata.**

密码错误。

pa.si.wor.de.ae.ra~.ta

啪死握日的 爱日~啊踏。

☺ **La prego di confermare.**

请确认。

la.pe.ri~.ae.gao.di.kon.faer~.ma.ri~.ae

啦 普日~爱告 第 空法埃日~骂日~爱。

Buongiorno, vorrei fare un deposito.

你好，我想存钱。

bon.zhuor~.nuo.wo.rae.yi.fa.rae.yi.wen.dae.
po.zei.tuo

本<u>卓日</u>~诺，握日艾一 发日艾 文 带破
贼托。

Quanto vuole depositare?

您想存多少钱？

kuang.tuo.wo.lae.dae.po.zei.ta.rae.ri~.ae

筐托 握赖 带破贼他日艾日~爱？

6000 euro.

6000欧元。

sae.yi.mi.la.ae.wu.ruo~

赛一 爱物若~。

**Per favore, mi dia il numero di conto e la
carta d'identità.**

请把账户和身份证给我。

baer~.fa.wo.ri~.ae.mi.di.a.yi.le.nu. mae.ruo.
di.kon.tuo.ae.la.kar~.ta.di.dan.ti.ta

白日~ 发我日~爱 咪 第啊 一了 怒卖若
第 空托 爱 啦 卡日~踏 第但替踏。

La prego di confermare.

请确认。

la.pe.ri~.ae.gao.di.kon.faer~.ma.ri~.ae

啦 普日~爱告 第 空法埃日~骂日~爱。

Se è corretta, si prega di firmare qui.

如果无误，请在这儿签字。

sae.ae.ko.ri~.ae.ta.sei.pe.ri~.ae.ga.di.fir~.ma.ri~.ae.kui

赛 爱 靠日~爱踏，斯一 普日~爱嘎 第 费日~骂日~爱 亏。

 开户

☺ **Vorrei aprire un conto nuovo.**

我想开新账户。

wo.ri~.ae.yi.a.pe.ri~.yi.ri~.ae.wen.kon.tuo.nu.ao.wo

握日~爱一 啊普日~一 日~爱 文 空托 怒奥握。

☺ **Vorrei aprire un conto.**

我想开户。

wo.ri~.ae.yi.a.pe.ri~.yi.ri~.ae.wen.kon.tuo

握日~爱一 啊普日~一 日~爱 文 空托。

☺ **Vorrei aprire un conto di deposito a vista.**

我想开个活期存款的户头。

wo.ri~.ae.yi.a.pe.ri~.yi.ri~.ae.wen.kon.tuo.di.dae.po.sei.tuo.a.wei.si.ta.

握日~爱一 啊普日~一 日~爱 文 空托 第 带 破斯一托 啊 为司踏 。

☺ **Si prega di compilare il modulo di richiesta.**

请填写申请书。

sei.pe.ri~.ae.ga.di.kom.pi.la.ri~.ae.yi.le.mo.du.lo. di.ri~.yi.ki.ae.si.ta

斯一 普日~爱嘎 第 空么屁辣日~爱 一了 莫 度咯 第 日~一 科一爱司踏 。

☺ **È necessario inserire una password?**

要输密码吗?

ae.nae.chae.sa.ri~.yi.ao.yin.sae.ri~.yi.ri~.ae.wu. na.pa.si.wor.de

爱 耐拆撒日~一奥 因赛日~一 日~爱 物呐 怕 斯握日的?

会话

 Vorrei aprire un conto.

我想个开户。

wo.ri~.ae.yi.a.pe.ri~.yi.ri~.ae.wen.kon.tuo

握日~爱一 啊普日~一 日~爱 文 空托。

 Quale tipo di conto?

开个什么户头?

kua.lae.di.po.di.kon.tuo

跨赖 第破 第 空托?

Vorrei aprire un conto di deposito a vista.

我想开个活期存款的户头。

wo.ri~.ae.yi.a.pe.ri~.yi.ri~.ae.wen.kon.tuo.
di.dae.po.sei.tuo.a.wei.si.ta.

握日~爱一　啊普日~一　日~爱　文　空托　第
带破斯一托　啊　为司踏。

È necessaria la carta?

需要卡吗?

ae.nae.chae.sa.ria.la.kar~.ta

艾　耐拆撒日一啊　啦　卡日~踏?

Sì.

是的。

sei.

斯一。

Attenda un momento, prego.

请稍等。

a.tan.da.wen.mo.man.tuo.pu.ri~.ae.go

啊探大　文　莫慢托，普日~爱高。

Vuole fare il deposito adesso?

现在存钱吗?

wo.rae.yi.fa.rae.yi.le.dae.po.zei.tuo.a.dae.suo

握日艾一　发日艾　一了　带破贼托　啊带
锁?

No.

不存。

nou

闹。

Si prega di prendere il Suo conto e la carta.

请拿好您的账户和卡。

sei.pe.ri~.ae.ga.di.pe.ran.dae.ri~.ae.yi.le.su.
ao.kon.tuo.ae.la.kar~.ta

<u>斯一</u> 普日~爱嘎 第 普然带日~<u>爱</u> 一了 速
奥 空托 爱 啦 卡日~踏。

☺ **Ho perso il numero di conto.**

我的账户丢失了。

ao.paer~.suo.yi.le.nu.mae.ruo.di.kon.tuo

奥 派日~索 一了 怒卖若 第 空托。

☺ **Si prega di compilare il modulo di richiesta
dell'applicazione per segnalare lo smarrimento.**

请填写挂失申请表。

sei.pe.ri~.ae.ga.di.kom.pi.la.ri~.ae.yi.le.mo.du.lo.
di.ri~.yi.ki.ae.si.ta.dae.la.pe.li.ka.cei.ao.nae.paer~.
sae.nia.la.ri~.ae.luo.zi.ma.ri.yi.man.tuo

<u>斯一</u> 普日~爱嘎 第 空么屁辣日~爱 一了 莫度
咯 第 <u>日~一</u> 科一爱司踏 带啦普利卡次一奥耐
派日~ 赛腻啊辣<u>日~</u>爱 洛 字吗旦<u>一</u>慢托。

235

☺ **Dove posso presentarlo?**

在哪儿提交？

duo.wae.bo.suo.pe.ri~.ae.zan.tar~.lo

多外 波索 普日~爱赞踏日~咯？

☺ **Mi dia il Suo numero del conto.**

请告诉我您的账户号码。

mi.di.a.yi.le.su.ao.nu.mae.ruo~.dael.kon.tuo

咪 第啊 一了 速奥 怒卖若~ 带了 空托。

 Buongiorno.Ho perso il numero di conto.Cosa dovrei fare?

你好。我的账户丢了，怎么办呢？

bon.zhuor~.nuo.ao.paer~.suo.yi.le.mu.mae.ruo.
di.kon.tuo.kao.za.duo.wu.ri~.ae.yi.fa.ri~.ae

本卓日~诺。奥 派日~索 一了 怒卖若 第
空托。靠咋 多物日~爱一 发日~爱？

 Si prega di compilare questo modulo di richiesta dell'applicazione per segnalare lo smarrimento，e presentarlo con il Suo passaporto allo sportello 8.

请填写这份挂失申请表，再带上护照，交
到第八号窗口。

sei.pe.ri~.ae.ga.di.kom.pi.la.ri~.ae.kuai.si.tuo.

---

mo.du.lo.di.ri~.yi.ki.ae.si.ta.dae.la.pe.li.ka.cei.
ao.nae.paer~.sae.nia.la.ri~.ae.lo.zi.ma.ri.yi.
man.tuo.ae.pe.ri~.ae.zan.tar~.lo.kon.yi.le.su.ao.
pa.sa.por~.tuo.a.lo.si.por~.tae.lo.ao.tuo

<u>斯一</u> 普日~爱嘎 第 空么屁辣日~爱 快死托 莫
度咯 第 <u>日~一</u> <u>科一</u>爱司踏 带啦普利卡次一
奥耐 派日~ 赛腻啊辣日~爱 洛 字吗日一慢托,
爱 普日~爱赞踏日~咯 空 一了 速奥 怕撒破日
~托 啊咯 司破日~太咯 奥托。

🔴 **Mi hai fatto un gran favore! Grazie per aiuto!**

你帮了我大忙! 感谢你的帮助!

mi.a.yi.fa.tuo.wen.ge.rang~.fa.wo.ri~.ae.ge.ra~.
ci.ae.paer~.a.you.tuo

咪 阿一 发托 文 哥让~ 发握日~爱! 戈日
~啊 次耶 派日~ 啊又托!

🌱 信用卡

☺ **Vorrei fare una carta di debito.**

我想办一张银行卡。

wo.ri~.ae.yi.fa.ri~.ae.wu.na.kar~.ta.di.dae.bi.tuo

握日~爱一 发日~爱 物呐 卡日~踏 第 带必托。

☺ **Ha bisogno di quale operazione?**

需要什么样的手续?

a.bi.zuo.niao.di.kua.lae.ao.pae.ra~.cei.ao.nae

啊 必做尿 第 跨赖 奥派日~啊 次一奥耐?

☺ **Ha bisogno di quale certificato?**

需要什么证明书？

a.bi.zuo.niao.di.kua.lae.ao.pae.ra~.cei.ao.nae

啊 必做尿 第 跨赖 拆日~替费卡托？

☺ **Si prega di compilare il modulo di richiesta.**

请填写申请表。

sei.pe.ri~.ae.ga.di.kom.pi.la.ri~.ae.yi.le.mo.du.lo.
di.ri~.yi.ki.ae.si.ta

斯一 普日~爱嘎 第 空么屁辣日~爱 一了 莫
度咯 第 日~一 科一爱司踏。

☺ **Quanto costa la commissione?**

手续费是多少钱？

kuang.tuo.kao.si.ta.la.kao.mi.sei.ao.nae

筐托 靠司踏 啦 靠咪斯一奥耐？

🗣 **Quali operazioni sono necessaeie per fare una carta di credito?**

办理信用卡的手续有哪些？

kua.li.ao.pae.ra~.cei.ao.ni.suo.nuo.nae.chae.sa.ri.
yi.ae.paer~.fa.ri~.ae.wu.na.kar~.ta.di.ke.ri~.ae.di.tuo

跨利 奥派日~啊 次一奥腻 索诺 耐拆撒日
一艾 派日~ 发日~爱 物呐 卡日~踏 第 克
日~爱第托？

Si prega di compilare il modulo di richiesta, e presentarlo con il Suo passaporto o il Suo permesso di soggiorno allo sportello.

请填写申请表，带着护照或居留证到银行窗口办理。

sei.pe.ri~.ae.ga.di.kom.pi.la.ri~.ae.yi.le.mo. du.lo.di.ri~.yi.ki.ae.si.ta.ae.pe.ri~.ae.zan.tar~. lo.kon.yi.le.su.ao.pa.sa.por~.tuo.ao.yi.le.su. ao.paer~.mae.suo.di.suo.zhuor~.nuo.a.lo. si.por~.tae.lo.

斯一　普日~爱嘎　第　空么屁辣日~爱　一了莫度咯　日~一　科一爱司踏，爱　普日~爱赞踏日~咯　空　一了　速奥　怕撒破日~托　奥一了　速奥　派日~卖索　第　索桌日~诺　啊咯司破日~太咯　奥踏握。

La commissione è di 5 euro.

手续费是5欧元左右。

la.kao.mi.cei.ao.nae.ae.di.qin.kuai.ai.wu.ruo

啦　靠咪次一奥耐　艾　第　亲快　爱物若。

☺ **Si può incassare un assegno qui?**

这里能兑换支票吗？

sei.bo.yin.ka.sa.ri~.ae.wen.a.sae.niao.kui

斯一　波　因卡撒日~爱　文　啊赛尿　亏？

意大利语翻开就说

😊 **Si può convertire questo assegno in yuan cinese?**

能把这张支票兑换成人民币吗？

sei.bo.kon.waer~.ti.ri~.ae.kuai.si.tuo.a.sae.niao.
yin.yuan.qi.nae.zae

斯一 波 空外日~替日~爱 快死托 啊赛尿 因
元 器耐在？

😊 **Si prega di scrivere il Suo nome, l'indirizzo, e il numero del passaporto sulla carta.**

请在纸上写下您的名字、地址、护照号。

sei.pe.ri~.ae.ga.di.si.ke.ri~.yi.wae.ri~.ae.yi.le.su.
ao.nuo.mae.lin.di.ri~.yi.cuo.ae.yi.le.nu.mae.ruo~.
dael.pa.sa.por~.tuo.su.la.kar~.ta

斯一 普日~爱嘎 第 司克日~一外日~爱 一了
速奥 诺卖，林第日~一 次一奥，爱 一了 怒
卖若~ 带了 怕撒破日~托。

😊 **Tutto a posto.**

好了。

du.tuo.a.bo.si.do

度托 啊 波司多。

💬 **Buongiorno, si può convertire questo assegno in yuan cinese?**

您好，能帮我把这张支票兑换成人民币吗？

bon.zhuor~.nuo.sei.bo.kon.waer~.ti.ri~.ae.kuai.
si.tuo.a.sae.niao.yin.yuan.qi.nae.zae

240

本卓日~诺，斯一 波 空外日~替日~爱 快
死托 啊赛尿 因 元 器耐在？

Attenda un momento, prego.

请稍等。

a.tan.da.wen.mo.man.tuo.pu.ri~.ae.go

啊探大 文 莫慢托，普日~爱告。

Mi dispiace, non si può convertire in yuan cinese, va bene il dollaro americano?

对不起，现在换不了人民币，换成美元可以吗？

mi.di.si.bi.a.chai.non.sie.bo.kon.waer~.ti.rae.
yin.yuan.qi.nae.zae.wa.bae.nae.yi.le.do.la.ruo.
a.mae.ri~.yi.ka.no

咪 迪司比啊拆，诺恩 斯一 波 空外日~替
日~艾 因 元 器耐在，林 败耐 一了 多辣
若~ 啊卖日~一卡诺？

No, non c'è bisogno.

那算了吧。

no.non.chae.bi.zuo.niao

闹，诺恩 拆 必做尿。

转账

☺ **Si prega di trasferire seimila euro su questo conto.**

请向这个卡号中转入6000欧元。

sei.pe.ri~.ae.ga.di.te.ra~.si.fae.ri~.yi.ri~.ae.sae.

意大利语翻开就说

yi.mi.la.ae.wu.ruo~.su.kuai.si.tuo.kon.tuo

<u>斯一</u> 普日~爱嘎 第 特日~啊司法埃 日~一 日
~<u>爱</u> 赛一密啦 爱物若~ 苏 快死托 空托。

☺ **Per favore, può aiutarmi a pagare la bolletta dell'acqua via bonifico.**

请帮我转账支付水费。

paer.fa.wo.rae.bo.a.you.tar~.mi.a.ba.ga.ri~.ae.la.
bo.lae.ta.dae.la.kua.wei.a.bo.ni.fei.kao

派日 发握日艾，波 啊又踏日~咪 啊 霸嘎<u>日~</u>
<u>爱</u> 啦 波赖踏 带辣跨 为啊 波腻费靠。

☺ **Mi dia il Suo numero di conto e il numero del destinatario, per favore.**

请将您的账户和对方的卡号给我。

mi.di.a.yi.le.su.ao.nu.mae.ruo~.di.kon.tuo.ae.yi.
le.nu.mae.ruo~.dae.le.dae.si.ti.na.ta.rio.paer.fa.wo.
rae

咪 第啊 一了 速奥 怒卖若~ 第 空托 爱 一
了 怒卖若~ 带了 带司替呐踏<u>日一</u>奥，派日
发握日艾。

☺ **Si prega di inserire la password.**

请输入密码。

sei.pe.ri~.ae.ga.di.yin.sae.ri~.yi.ri~.ae.la.pas.wor.de

<u>斯一</u> 普日~爱嘎 第 因赛日~一 日~爱 啦 怕
死握日的。

☺ **La delega del bonifico.**

转账委托书。

la.dae.lae.ga.dae.le.bo.ni.fei.kao

啦 带赖嘎 带了 波腻费靠。

☺ **Il saldo è insufficiente, non è possibile effettuare il bonifico.**

您的余额不足，无法转账。

yi.le.sa.le.duo.ae.yin.su.fei.chan.tae.non.ae.po.
si.yi.bi.lae.ae.fae.tu.a.ri~.ae.yi.le.bo.ni.fei.ko

一了 飒了多 爱 因苏费颤太，诺恩 艾 破司
一必赖 艾发艾兔啊日~爱一了 波腻费靠。

 Si prega di trasferire seimila euro su questo conto.

请向这个卡号中转入6000欧元。

sei.pe.ri~.ae.ga.di.te.ra~.si.fae.ri~.yi.ri~.ae.sae.
yi.mi.la.ae.wu.ruo~.su.kuai.si.tuo.kon.tuo

斯一 普日~爱嘎 第 特日~啊司法埃 日~一 日
~爱 赛一密啦 爱物若~ 苏 快死托 空托。

Si prega di compilare la delega del bonifico.

请填写转账委托书。

sei.pe.ri~.ae.ga.di.kom.pi.la.ri~.ae.la.dae. lae.
ga.dae.le.bo.ni.fei.kao

斯一 普日~爱嘎 第 空么屁辣日~爱 啦 带
赖嘎带了 波腻费靠。

Mi dia il Suo numero di conto e il numero del destinatario, per favore.

请将您的账户和对方的卡号给我。

mi.di.a.yi.le.su.ao.nu.mae.ruo˜.di.kon.tuo.
ae.yi.le.nu.mae.ruo˜.dae.le.dae.si.ti.na.ta.rio.
paer.fa.wo.rae

咪 第啊 一了 速奥 怒卖若˜ 第 空托 爱
一了 怒卖若˜ 带了 带司替呐踏日一奥，
派日 发握日艾。

Ok.

好的。

ou.kei

欧尬。

Metta una firma qui.

请在这里签字。

mae.ta.wu.na.fei.ri˜.ma.kui

卖踏 物呐 费日˜骂 亏。

兑换货币

☺ **Vorrei cambiare dei soldi.**

我要换钱。

wo.ri˜.ae.yi.kam.bi.a.ri˜.ae.dae.yi.suo.le.di

我日˜爱一 卡么比啊日˜爱 带一 所了第。

☺ **Vorrei cambiare 100 dollari americani.**

我想换100美元。

wo.ri˜.ae.yi.kam.bi.a.ri˜.ae.chan.tuo.dao.la.ri˜.
yi.a.mae.ri˜.yi.ka.ni

我日˜爱一　卡么比啊日˜爱　颤托　到啦日˜一
啊卖日˜一卡腻。

☺ **Quant'è il cambio?**

汇率是多少？

kuang.tae.yi.le.kam.bi.ao

筐太　一了　卡么表？

☺ **È salito il cambio?**

汇率涨了吗？

ae.sa.li.tuo.yi.le.kam.bi.ao

爱　飒利托　一了　卡么表？

☺ **È sceso il cambio?**

汇率涨了吗？

ae.shae.zuo.yi.le.kam.bi.ao

爱　晒做　一了　卡么表？

☺ **Vuole cambiare dei soldi?**

您是要换钱吗？

wo.lae.kam.bi.a.ri˜.ae.dae.yi.suo.le.di

我赖　卡么比啊日˜爱　带一　所了第？

245

会话

Vuole cambiare dei soldi?

您是要换钱吗?

wo.lae.kam.bi.a.ri˜.ae.dae.yi.suo.le.di

我赖 卡么比啊日˜爱 带一 所了第?

Sì, in yuan cinese.

对,换成人民币。

si.yi.yin.yuan.qi.nae.zae

斯一,因 元 器耐在。

Quanto?

您要换多少钱?

kuang.tuo

框托?

500 euro.

500欧元。

qin.kuai.chan.tuo.ae.wu.ruo

庆快 爱物若。

Mi occorrono i suoi dati personali.

我用一下您的证件。

mi.ao.kao.ruo˜.nuo.yi.su.ao.yi.da.ti.baer˜.suo.na.li

咪 奥靠若诺 一 苏奥一 大踢 白日˜索呐利。

246

Bene.Ecco 3700 yuan.Si prega di confermare.

好的。这是3700元人民币。请确认一下。

bae.nae.ae.kao.te.ri~.ae.mi.la.sae.tae.chan.tuo.
yuan.si.yi.pe.ri~.ae.ga.di.kon.fae.ri~.ma.ri~.ae

败耐。爱靠 特日~爱咪啦赛太颧托 元。司
二 普日~爱嘎 第 空法埃日~骂日~爱。

Ok.Grazie.

好的。谢谢。

ou.kei.ge.ra~.cei.ye

欧尅。个日~啊 次一也。

10 在医院

027

预约

☺ **Il medico è disponibile oggi?**

医生今天有空吗?

yi.le.mae.di.kao.ae.dis.pon.ni.bi.lae.ao.zhi.yi

一了 卖第靠 爱 第四破嗯腻必赖 奥之一?

☺ **Voglio fare un esame sanitario.**

我想做个健康检查。

wo.liao.fa.ri~.ae.wen.ae.za.mae.sa.ni.ta.ri~.yi.ao

握聊 发日~爱 文 爱咋卖 撒腻踏日~一奥。

☺ **Voglio fissare un appuntamento con il dottor Nino.**

我想和尼诺医生预约一下就诊时间。

wo.liao.fi.sa.ri~.ae.wen.a.pun.ta.man.tuo.kon.
yi.le.do.tor~.ni.nuo

握聊 非撒日~爱 文 啊普嗯踏慢托 空 一了
多托日~ 腻诺。

☺ **Posso fissare un appuntamento domani?**

能预约明天吗?

bo.suo.fi.sa.ri~.ae.wen.a.pun.ta.man.tuo.duo.ma.ni

波索 非撒日~爱 文 啊普嗯踏慢托 多骂腻?

☺ **Non c'è più disponibilità per un appuntamanto.**

预约已经满了。

nuo.en.chae.pi.you.di.si.po.ni.bi.li.ta.paer.wen.
a.pun.ta.man.tuo

诺嗯 拆 屁又 第司破腻必利踏 派日 文 啊普
嗯踏慢托。

☺ **Può organizzare il ricovero il più presto possibile?**

能尽快安排就诊时间吗?

bo.ao.ri.ga.ni.za.rae.yi.le.ri.yi.kao.wae.ruo.yi.le.
piu.pe.ri~.ae.si.tuo.bo.sei.bi.lae

波 奥日嘎腻咋日艾 一了 日一靠外若 一了
屁又 普日~爱司托 波斯一必赖?

☺ **Lunedì prossimo va bene?**

下周一可以吗?

lu.nae.di.pe.ruo~.sei.mo.wa.bae.nae

路耐第 普若~斯一莫 袜 败耐?

Buongiorno! Ospedale di Siena.

您好！锡耶纳医院。

bon.zhuor~.nuo.ao.si.pae.da.lae.di.sei.ae.na

本卓日~诺！ 奥司派大赖 第 斯一爱呐。

Ho un mal di denti, voglio fare un esame sanitario.

我的牙有点痛，想检查一下。

ao.mal.di.dan.ti.wo.liao.fa.ri~.ae.wen.ae.za.
mae.sa.ni.ta.ri~.yi.ao

奥 骂了 第 但替，握聊 发日~爱 文 爱咋
卖 撒腻踏日~一奥。

Posso fissare un appuntamento domani?

能预约明天吗？

bo.suo.fi.sa.ri~.ae.wen.a.pun.ta.man.tuo.duo.
ma.ni

波索 非撒日~爱 文 啊普嗯踏慢托 多骂腻？

Va bene alle due del pomeriggio?

下午两点可以吗？

wa.bae.nae.a.lae.du.ae.dael.bo.mae.ri~.yi.zhuo

袜 败耐 啊赖 度爱 带了 波卖日~一桌？

Va bene.

可以。

wa.bae.nae

袜 败耐。

Mi dia il Suo nome e il numero del telefono per favore.

请告诉我您的姓名和电话号码。

mi.di.a.yi.le.su.ao.nuo.mae.ae.yi.le.nu.mae.ruo~.dael.tae.lae.fo.nuo.paer.fa.wo.rae

咪 第啊 一了 速奥 诺卖 爱 一了 怒卖若~ 带了 太赖佛诺派日 发握日艾。

 挂号

☺ **Ho un appuntamento alle 14.00.**

我预约了两点来看病。

ao.wen.a.pu.en.ta.man.tuo.a.lae.kua.tuo.ri~.di.qi

奥 文 啊普嗯踏慢托 啊来 跨托日~第器。

☺ **Ha un modulo di registrazione e un documento?**

您有挂号卡和病历吗?

a.wen.mo.du.lo.di.ri~.ae.zhi.yi.si.te.ra~.cei.ao.nae.ae.wen.do.ku.man.tuo

啊 文 莫度略 第 日~爱 之一司特日~啊 次一 奥耐 爱 文 多库慢托?

☺ **È la prima volta che viene da noi?**

您是第一次来这儿吗?

ae.la.pe.ri~.yi.ma.wol.ta.kae.wei.ae.nae.da.nuo.yi

爱 啦 普日~一吗 握了踏 开 为爱耐 大 诺一?

☺ **Ha un'assicurazione?**

您带保险卡了吗?

a.wu.na.si.yi.ku.ra.ci.yi.ao.nae

啊 物呐司一库日啊次一奥耐?

☺ **Voglio vedere un chirurgo.**

我要看外科。

wo.liao.wae.dae.ri~.ae.wen.ki.rur~.go

握聊 外带日~爱 文 科一入日~高。

☺ **Fila per la registrazione.**

挂号得排队。

fei.la.paer~.la.ri~.ae.zhi.yi.si.te.ra~.cei.ao.nae

费啦 派日~ 啦 日~爱 之一司特日~啊 次一奥耐。

☺ **Quale reparto?**

您想挂哪个科?

kua.lae.rae.par.tuo

跨赖 日艾怕日托?

☺ **Si prega di compilare il modulo di ammissione.**

请填写入院手卡。

sei.pe.ri~.ae.ga.di.kom.pi.la.ri~.ae.yi.le.mo.du.lo.di.a.mi.sei.ao.nae

斯一 普日~爱嘎 第 空么屁辣日~爱 一了 莫度咯 第 啊咪斯一奥耐。

会话

Vorrei fissare un appuntamento.

我想预约一个问诊时间。

wo.ri~.ae.yi.fei.sa.ri~.ae.wen.a.pu.en.ta.
man.tuo

握日~爱一 费飒日~爱 文 啊普嗯踏慢托。

Aspetti che controllo.

我查看一下。

a.si.pae.ti.kae.kon.te.ruo~.lo

啊司派替 开 空特若咯。

Ok. Grazie.

好的。谢谢。

ou.kei.ge.ra~.cei.ye

欧尅。个日~啊 次一也。

 就诊

☺ **Qual è il problema?**

您哪儿不舒服？

kua.lae.yi.le.pe.ruo.be.lae.ma

跨赖 一了 普若不赖吗？

☺ **Da quanto ha la febbre?**

您发烧多久了?

da.kuang.tuo.a.la.fae.be.ri˜.ae

大 框托 啊 啦 法埃不日˜爱?

☺ **Da quanto sente dolore?**

您疼多久了?

da.kuang.tuo.san.tae.duo.lo.ri˜.ae

大 框托 散太 多咯日˜爱?

☺ **Apra la bocca.**

张嘴。

a.pe.ra˜.la.bao.ka

啊普日˜啊 啦 波卡。

☺ **Misuriamo la pressione.**

测一下血压。

mi.zu.ri˜.yi.a.mo.la.pe.ri˜.ae.si.yi.ao.nae

咪组日˜一啊莫 啦 普日˜爱 司一奥耐。

☺ **Facciamo l'analisi del sangue.**

验一下血。

fa.chia.mo.la.na.li.zi.yi.dae.le.sang.guae

发吃啊莫 啦呐利字一 带了 丧怪。

会话

Signor Nino, si accomodi.

尼诺先生，请进。

si.yi.niao.ri~.ni.nuo.si.yi.a.ko.mo.di

斯一尿日~腻诺，斯一 啊靠莫迪。

Ok.

好的。

ou.kei

欧尅。

Cosa si sente?

您哪里不舒服呢？

ko.za.sei.san.tae

靠咋 斯一 散太？

Mi sento la febbre.

我好像发烧了。

mi.san.tuo.la.fae.be.ri~.ae

咪 散托 啦 法埃不日~爱。

Ha qualche altro sintomo?

还有什么别的症状吗？

a.kua.le.kae.a.le.te.ruo~.si.yin.tuo.mo

啊 跨了开 啊了特若~ 司因托莫？

A volte ho la tosse.

有时还会咳嗽。

a.wol.tae.ao.la.tuo.sae

啊 握了太 奥 啦托赛。

Allora misuriamo la temperatura.

那先量一下体温吧。

a.lo.ra~.mi.zu.ri.yi.a.mo.la.tam.pae.ra~.tu.ra

啊咯日~啊 咪组日一啊莫 啦 探么派日~啊 吐日~啊。

Ok.

好的。

ou.kei

欧尅。

39 gradi, è un pò alta.

39度，还挺高呢。

te.ran~.ta.nuo.wae.ge.ra~.di.ae.wen.po.a.le.ta

特然~踏诺外 个日~啊第，爱 问破 啊了踏。

Di recente mi stanco facilmente, e mi sento debole.

我最近还很容易觉得累，使不上劲儿。

di.ri~.ae.chan.tae.mi.si.tang.kao.fa.qi.le.man.tae.ae.mi.sa n.tuo.dae.bo.lae.

第 日~爱颤太 咪 司烫靠 发器了慢太，爱 咪 散托 带波赖。

Non importa, prenda la medicina e stara meglio.

没关系，吃点药就好了。

non.yim.por~.ta.pe.ran~.da.la.mae.di.qi.na.ae.si.ta.ra.mae.liao

诺恩 因么破日~踏，普然~大 啦 卖第器呐 艾司踏日啊 卖聊。

Allora sto tranquillo.

那我就放心了。

a.lo.ra.si.tuo.te.rang~.kui.lo

啊烙日啊 司托 特让~亏咯。

 服药

☺ **In che quantità?**

我用多少药？

yin.kae.kuang.ti.ta

因 开 筐踢踏？

☺ **Tre pillole per volta.**

每次三颗。

te.ri~.ae.pi.lo.lae.paer.wol.ta

特日~爱 屁咯赖 派日 握了踏。

☺ **Quante volte?**

每天几次？

kuang.tae.wol.tae

框太 握了太?

☺ **Quando?**

何时服药?

kuang.duo

框多?

☺ **Prima dei pasti.**

饭前。

pe.ri˜.yi.ma.dae.yi.pa.si.ti

普日˜一吗 带一 怕死踢。

☺ **Non può mangiare il cibo piccante.**

您不能吃辣的。

non.bo.mang.zhia.ri˜.ae.yi.le.qi.bo.pi.kang.tae

诺恩 波 忙至啊 日˜爱 一了 器波 屁抗太。

☺ **Non può rimanere sveglio fino a tardi.**

您不能熬夜。

non.bo.ri˜.yi.ma.nae.ri˜.ae. zi.wae.liao.fei.no.
a.dar˜.di

诺恩 波 日˜一吗耐日˜爱 自外聊 费诺 啊 大
日˜第。

☺ **Ha bisogno di mangiare più frutta.**

您要多吃水果。

a.bi.zuo.niao.di.mang.zhia.ri˜.ae.piu.fu.ru˜.ta

啊 必做尿 第 忙至啊 日˜爱 屁又 夫入˜他。

☺ **Ha bisogno di fare sport.**

您要适量运动。

a.bi.zuo.niao.di.fa.ri~.ae.si.por~.te

啊 必做尿 第 发日~爱 司泡日~特。

会话

In che quantità?

我用多少药?

yin.kae.kuang.ti.ta

因 开 筐踢踏?

Tre pillole per volta.

每次三颗。

te.ri~.ae.pi.lo.lae.paer.wol.ta

特日~爱 屁咯赖 派日 握了踏。

Quando?

何时服药?

kuang.duo

框多?

Prima dei pasti.

饭前。

pe.ri~.yi.ma.dae.yi.pa.si.ti

普日~一吗 带一 怕死踢。

药店买药

☺ **Quale farmaco cerca?**

您在找什么药?

kua.lae.far~.ma.kao.chae.ri~.ka

跨来 发日~骂靠 拆日~卡?

☺ **Avete qualcosa per il raffreddore?**

有感冒药吗?

a.wae.tae.kua.le.kao.za.baer~.yi.le.ra~.fu.ri~. ae.dao.ri~.ae

啊外太 跨了靠咋 白日~ 一了 日~啊夫日~爱 到日~爱?

☺ **Questo è per le persone di costituzione debole.**

这个适用于体质虚弱的人。

kuai.si.tuo.ae.baer~.lae.baer~.suo.nae.di.kao.si.ti. tu.ci.yi.ao.nae.dae.bo.lae

快死托 艾 白日~ 来 白日~索耐 第 靠司替吐 次一奥耐 带波来。

☺ **Ecco il farmaco per il raffreddore。**

感冒药在这里。

ae.kao.yi.le.far~.ma.ko.baer~.yi.le.ra~.fu.ri~. ae.dao.ri~.ae

爱靠 一了 发日~骂靠 白日~ 一了 日~啊夫日~ 爱到日~爱?

☺ **È il farmaco più venduto.**

这种药卖得最好。

ae.yi.le.far~.ma.kao. pi.you.wan.du.tuo

艾 一了 发日~骂靠 屁又 万度托

☺ **Avete qualcosa per la tosse?**

有止咳药吗?

a.wae.tae.kua.le.kao.za.baer~.la.to.sae

啊外太 跨了靠咋 白日~ 啦 托塞

☺ **Ho bisogno di antidolorifico.**

我需要止痛药。

ao.bi.zuo.niao.di.an.ti.duo.lo.ri~.yi.fei.kao

奥 必做尿 第 安替多咯日~一费靠。

会话

🧑 **Quale farmaco cerca?**

您在找什么药?

kua.lae.far~.ma.kao.chae.ri~.ka

跨来 发日~骂靠 拆日~咔?

🧑 **Avete qualcosa per il raffreddore?**

有感冒药吗?

a.wae.tae.kua.le.kao.za.baer~.yi.le.ra~.fu.ri~.
ae.dao.ri~.ae

啊外太 跨了靠咋 白日˘ 一了 日˘啊夫日˘
爱到日˘爱?

Ecco il farmaco per il raffreddore

感冒药在这里。

ae.kao.yi.le.far~.ma.ko.baer~.yi.le.ra~.fu.ri~.
ae.dao.ri~.ae

爱靠 一了 发日˘骂靠 白日˘ 一了 日˘啊
夫日˘爱到日˘爱?

11 遇到麻烦时 028

 迷路

☺ **Mi sono perso. / Mi sono persa.**

我迷路了。

mi.suo.nuo.paer~.suo / mi.suo.nuo.paer~.sa

咪 索诺 派日˘索。/ 咪 索诺 派日˘撒。

☺ **Dove sei adesso?**

你现在在哪里?

duo.wae.sae.yi.a.dae.suo

多外 赛一 啊带索?

意大利语翻开就说

☺ **Calmati.**

冷静点。

kal.ma.ti

卡了吗替。

☺ **Vengo a prenderti subito.**

我马上去接你。

wan.gao.a.pe.ran~.daer~.ti.su.bi.tuo

万告 啊 普然~带日~替 速必托。

☺ **Per andare alla stazione della metropolitana?**

去地铁站怎么走?

paer.an.da.ri~.ae.a.la.si.ta.cei.ao.nae.dae.la.mae.
te.ruo~.po.li.ta.na

派日 按大日~爱 啊啦 司踏次一奥耐 带啦 卖
特若~破利踏呐?

会话

🧑 **Pronto.**

喂。

pe.rong~.tuo

普荣~托。

🧑 **Sono io, dove sei adesso?**

是我,你现在在哪儿?

262

suo.nuo.yi.ao.duo.wae.sae.yi.a.dae.suo

索诺 一奥，多外 赛一 啊带索？

A casa.

我在家呢。

a.ka.za

啊 卡咋。

Mi sono perso.

我迷路了。

mi.suo.nuo.paer~.suo

咪 索诺 派日~索。

Dove sei adesso?

你现在在哪儿呢？

duo.wae.sae.yi.a.dae.suo

多外 赛一 啊带索？

Dovrei essere in prossimità del Municipio, puoi venire a prendermi?

应该是市政厅附近，你能来接我吗？

duo.wu.ri~.ae.yi.ae.sae.ri~.ae.yin.pe.ruo~.si.yi.
mi.ta.dae.le.mu.ni.qi.piao.bo.yi.wae.ni.ri~.
ae.a.pe.ran~.dae.ri~.mi

多物日~爱一 爱赛日~爱 因 普若斯一咪踏
带了 目你器票，波一 外腻日~爱 啊 普然
~带日~咪？

Ok, arrivo subito.

知道了，我马上过去。

ou.kei.a.ri˜.yi.wo.su.bi.tuo

欧尅，啊日˜一握 速必托。

Va bene.

好的。

wa.bae.nae

袜 败耐。

 呼救

☺ **Aiuto!**

救命！

a.you.tuo

啊又拖！

☺ **Corri!**

快跑！

kao.ri˜.yi

靠日˜一！

☺ **Alfuoco!**

着火了！

a.le.fu.ao.kao

啊了富奥靠！

264

☺ **Qualcuno vuole suicidarsi!**

有人要自杀!

kual.ku.nuo.wo.lae.su.yi.qi.dar.si.yi

跨了库诺 握赖 苏一器大日<u>司一</u>!

☺ **Qualcuno è caduto in acqua!**

有人落水了!

kual.ku.nuo.ae.ka.du.tuo.yin.a.kua

跨了库诺 爱 卡度托 因 啊跨!

☺ **Qualcuno è svenuto!**

有人晕倒了!

kual.ku.nuo.ae.si.wae.nu.tuo

跨了库诺 爱 司外怒托!

> 😊 **Aiuto! Qualcuno vuole suicidarsi!**
>
> 救命啊! 有人想自杀!
>
> a.you.tuo.kual.ku.nuo.wo.lae.su.yi.qi.dar.si.yi
>
> 啊又拖! 跨了库诺 握赖 苏一器大日斯一!
>
> 😊 **Dio mio! Chiama la polizia !**
>
> 不得了了! 快报警啊!

di.ao.mi.ao.ki.a.ma.la.po.li.cei.a

第奥 咪奥! <u>科一啊嘛 啦 破利次一啊!</u>

遭窃

☺ **Alladro!**

小偷!

a.le.la.de.ruo~

啊了辣的若!

☺ **Unarapina!**

抢劫了!

wu.na.ra~.pi.na

狗呐日~啊屁呐!

☺ **La mia roba è stata rubata.**

我的东西被偷了。

la.mi.a.ruo~.ba.ae.si.da.ta.ru~.ba.ta

啦 咪啊 若~吧 爱 死大踏 入~霸踏。

☺ **Mi hanno rubato il portafoglio.**

我的钱包被抢了。

mi.a.nuo.ru.ba.tuo.yi.le.bor~.ta.do.liao

咪 啊诺 入霸托 波日~踏佛聊。

☺ **Dove è stato rubato?**

在哪儿被偷的?

duo.wae.ae.si.da.tuo.ru~.ba.tuo

多外 爱 死大托 入~霸托?

☺ **Mi ha rubato il portafoglio.**

他抢走了我的钱包。

mi.a.ru.ba.tuo.yi.le.mi.ao.bor~.ta.do.liao

咪 啊 入霸托 一了 咪奥 波日~踏佛聊。

☺ **Che tipo di portafoglio?**

是什么样的钱包呢?

kae.di.po.di.bor~.ta.do.liao

开 第破 第 波日~踏佛聊?

会话

👦 **Il mio portafoglio è stato rubato.**

我的钱包被偷了。

yi.le.mi.ao.bor~.ta.do.liao.ae.si.da.tuo.ru~.
ba.tuo

一了 咪奥 波日~踏佛聊 爱 死大托 入~
霸托。

Dove è stato rubato?

在哪儿被偷的？

duo.wae.ae.si.da.tuo.ru~.ba.tuo

多外 爱 死大托 入~霸托？

Dovrebbe essere nella metropolitana.

应该是在地铁里吧。

duo.wu.ri~.ae.bae.ae.sae.ri~.ae.nae.la.mae.
te.ruo~.po.li.ta.na

多物日~爱败 爱赛日~爱 耐啦 卖特若~破
利踏呐。

Che tipo di portafoglio?

是什么样的钱包呢？

kae.di.po.di.bor~.ta.do.liao

开 第破 第 波日~踏佛聊？

Rosso e lungo.

红色的长方形钱包。

ruo~.suo.ae.long.gao

若~索 爱 龙告。

Cosa c'era dentro?

里面装了什么？

kao.za.chae.ra~.dan.te.ruo~

靠咋 拆日~啊 但特若~？

200 euro e una carta di credito.

200欧元和一张银行卡。

du.ae.chan.tuo.ae.wu.na.kar~.ta.di.ke.ri~.ae.di.tuo

度爱爱物若~ 爱 物呐 卡日~踏 第 克日~
爱第托。

Ok, se abbiamo novità, la contatteremo immediatamente.

知道了，我们一有线索就会马上联系您。

ou.kei.sae.a.bi.a.mo.nuo.wei.ta.la.kon.ta.tae.ri~.ae.mo.yim.mae.di.a.man.tae

欧尅，赛 啊必啊莫 诺为踏，啦 空踏太爱莫
因卖第啊踏慢太。

Ok. Grazie mille.

好的。非常感谢。

ou.kei.ge.ra~.cei.ye.mi.lae

欧尅。个日~啊 次一也 咪赖。

在警察局

☺ **Come ti chiami?**

你叫什么名字？

ko.mae.ti.ki.a.mi

考卖 体 科一啊咪？

☺ **Qual è la tua nazionalità?**

你的国籍是什么？

kual.ae.la.tu.a.na.cei.ao.na.li.ta

跨了 爱 兔啊 呐次一奥呐利踏？

☺ **Che cosa è successo?**

发生什么事情了?

kae.kao.za.ae.su.chae.suo

开 靠咋 爱 苏拆索?

☺ **La prego di mostrare il passaporto.**

请出示护照。

la.pe.ri~.ae.gao.di.mo.si.te.ra~.ri~.ae.yi.le.pa.
sa.por~.tuo

啦 普日~爱告 第 莫斯特日~啊 日~爱 一了
怕撒破日~托。

☺ **Si prega di scrivere il Suo numero di telefono e l'indirizzo.**

请写下电话号码和地址。

sei.pe.ri~.ae.ga.di.si.ke.ri~.yi.wae.ri~.ae.yi.le.su.
ao.nu.mae.ruo~.di.tae.lae.fo.nuo.ae.lin.di.ri~.
yi.cuo

斯一 普日~爱嘎 第 司克日~一外日~爱 一了 速
奥 怒卖若~ 第 太赖佛诺 爱 林第日~一错。

☺ **Faccia più attenzione.**

以后要注意一点。

fa.chia.pi.you.a.tan.ci.yi.ao.nae

发吃一啊 屁又 啊探次一奥耐

☺ **Ho perso il cellulare.**

我手机丢了。

ao.paer~.suo.yi.le.chae.lu.la.ri~.ae

奥 派日~索 一了 拆路啦日~爱。

Mi hanno rubato il portafoglio.

我的钱包被抢了。

mi a.nuo.ru.ba.tuo.yi.le.bor~.ta.do.liao

咪 啊诺 入霸托 一了 波日~踏佛聊。

Che cosa è successo?

发生什么事情了？

kae.kao.za.ae.su.chae.suo

开 靠咋 爱 苏拆索？

Mentre uscivo dalla cafeteria, un uomo mi ha rubato la borsa.

我刚才离开咖啡厅时，一个男人把我的包抢走了。

man.te.rae.wu.shi.yi.wo.da.la.ka.fae.tae.ria.wen.wu.ao.mo.mi.a.ru~.ba.tuo.la.bor~.sa

慢特日艾 物是一握 大啦 卡发艾太日一啊，文 物奥莫咪 啊 入~霸托 啦 波日~撒。

271

Si prega di scrivere il Suo numero di telefono e l'indirizzo.

请写下电话号码和地址。

sei.pe.ri~.ae.ga.di.si.ke.ri~.yi.wae.ri~.ae.yi.
le.su.ao.nu.mae.ruo~.di.tae.lae.fo.nuo.ae.lin.
di.ri~.yi.cuo

斯一 普日~爱嘎 第 司克日~一外日~爱 一
了 速奥 怒卖若~ 第 太赖佛诺 爱 林第日
~一错。

Ok, se abbiamo novità, la contatteremo immediatamente.

知道了，我们一有线索就会马上联系您。

ou.kei.sae.a.bi.a.mo.nuo.wei.ta.la.kon.ta.tae.
ri~.ae.mo.yim.mae.di.a.man.tae

欧魁，赛 啊必啊莫 诺为踏，啦 空踏太爱莫
因卖第啊踏慢太。

12 商务用语 ◯029

 公司部门

☺ **Il consiglio di amministrazione**

董事会

yi.le.kon.sei.liao.di.a.mi.ni.si.te.ra~.cei.ao.nae

一了 空斯一聊 第 啊咪腻司特日~啊 次一奥耐

☺ Contabilità

财务部

kon.ta.bi.li.ta

空踏必利踏

☺ Amministrazione

营业部

a.mi.ni.si.te.ra.cei.ao.nae

啊咪腻司特日啊次一奥耐

☺ Direzione

总务部

di.rae.cei.ao.ae

第日艾次一奥耐

☺ Risorse umane

人事部

ri.yi.sor.sae.wu.ma.nae

日一索日赛 物骂耐

☺ Strategia aziendale

企划部

si.te.ra.tae.gi.yi.a.a.zei.an.da.lae

司特日啊太极啊 啊贼按大赖

☺ **Sindacato**

工会

si.yin.da.ka.tuo

司因大卡托

> **Quali dipartimenti ci sono nella vostra azienda?**
>
> 你们公司有什么部门?
>
> kua.li.di.par~.ti.man.ti.qi.suo.nuo.nae.la.wo.
> si.te.ra~.a.cei.an.da
>
> 跨利 第怕日~替慢替 器 索诺 耐啦 握司 特日~啊 啊次一按大?

> **Contabilità, Direzione, Risorse umane ed Amministrazione.**
>
> 有财务部、总务部、人事部、营业部。
>
> kon.ta.bi.li.ta.di.rae.cei.ao.nae.ri.yi.sor.sae.
> wu.ma.nae ae.de.a.mi.ni.si.te.ra.Üei.ao.nae
>
> 空踏必利踏，第日艾次一奥耐，日一索日赛物骂耐 艾的 啊咪腻司特日啊次一奥耐

> **In che dipartimento lavori?**
>
> 你在哪个部门工作?
>
> yin.kae.di.par~.ti.man.tuo.la.wo.ri~.yi
>
> 因 开 第怕日~替慢托 啦握日~一?

🙂 Nel dipartimento di Strategia aziendale.

在企划部。

nael.di.par~.ti.man.tuo.di.si.te.ra.tae.gi.yi.
a.a.zei.an.da.lae

耐了 第怕日~替慢托 第 司特日啊太极啊
啊贼按大赖。

职位

🙂 Amministratore delegato

总经理

a.mi.ni.si.te.ra~.tuo.ri~.ae.dae.lae.ga.tuo

啊咪腻司特日~啊托日~爱 带赖嘎托

🙂 Vicedirettore

副经理

wei.cae.di.ri~.ae.tuo.ri~.ae

为拆第日~爱托日~爱

🙂 Direttore generale di filiale

分公司总经理

di.ri~.ae.tuo.ri~.ae.zhae.nae.ra~.lae.di.fei.lia.a.lae

第日~爱托日~爱 债耐日~啊赖 第 费利啊赖

意大利语翻开就说

☺ Presidente

董事长

pe.ri~.ae.zei.dan.tae

普日~爱贼但太

☺ Consigliere delegato

常务董事

kon.sei.li.ae.ri~.ae.dae.lae.ga.tuo

空斯一利艾日~爱 带赖嘎托

☺ Ministro

部长

mi.ni.si.te.ruo~

咪腻司特若~

☺ Direttore di fabbrica

厂长

di.ri~.ae.tuo.ri~.ae.di.fa.be.ri~.yi.ka

第日~爱托日~爱 第 发不日~一卡

☺ Direttore

主任、店长

di.ri~.ae.tuo.ri~.ae

第日~爱托日~爱

☺ Dirigente

领导

276

di.ri˜.yi.zhan.tae

第日˜一占太

Complimenti per la tua promozione a ministro.

祝贺你升职为部长。

kom.pe.li.man.ti.paer˜.la.du.a.pe.ruo˜.mo.cei.
ao.nae.a.mi.ni.si.te.ruo

<u>空</u>么普利慢替 派日˜ 啦 度啊 普若˜莫<u>次</u>
一奥耐 啊 咪腻司特若˜。

Grazie.

谢谢。

ge.ra˜.cei.ye

个日˜啊 次一也。

☺ **Quando e dove si svolge la presentazione dei nuovi prodotti?**

新品发布会在何时何地举行？

kuang.duo.ae.duo.wae.sei.zi.wol.zhae.la.pe.rae.
zan.ta.cei.ao.nae.dae.yi.nu.ao.wei.pe.ruo˜.duo.ti

筐托 爱 多外 <u>斯</u>一 字握了债 啦 普日艾赞踏
<u>次</u>一奥耐 带一 怒奥为 普若˜多替？

☺ **Quali sono i vantaggi?**

有什么优点?

kua.li.suo.nuo.yi.wang.ta.zhi.yi

跨利 索诺 一 忘踏之一?

☺ **Cosa c'è di nuovo?**

有什么新功能?

kao.za.chae.di.nu.aowo

靠咋 拆 第 怒奥握?

☺ **Quant'è la durata?**

使用期限是多久?

kuang.tae.la.du.ra.ta

筐太 啦 度日啊踏

☺ **La garanzia è valida per 2 anni.**

保修期为2年。

la.ga.rang~.cei.a.ae.wa.li.da.paer~.du.ae.a.ni

啦 嘎让~次一啊 爱 袜利大 派日~ 度爱 啊腻。

☺ **È gratuito durante la garanzia.**

保修期内免费。

ae.ge.ra~.tu.yi.tuo.du.rang~.tae.la.ga.rang~.cei.a

爱 个日~啊吐一托 度让~太 啦 嘎让~次一啊。

☺ **Com'è il prezzo?**

价位如何?

kao.mae.yi.le.pe.ri~.ae.cuo

<u>靠卖</u> 一了 <u>普日~爱错</u>？

Salve, vorrei conoscere le funzioni del nuovo cellulare.

你好，我想咨询一下新手机的功能。

sal.wae.wo.ri~.ae.yi.kao.nao.shiae.ri~.ae.lae.
fun.cei.ao.ni.dael.nu.ao.wo.chae.lu.la.ri~.ae

撒了外，握日~爱一 靠闹是艾日~爱 赖 弗恩 次一奥腻 带了 怒奥握 拆路辣日~爱。

Sì

好的。

sei

斯一。

Questo cellulare ha il naoigatore, la funzione TV, e la carta di credito, oltre alle funzioni normali.

这部手机除了普通手机的功能外，还有电视电话、导航功能、信用卡功能。

kuai.si.tuo.chae.lu.la.ri~.ae.a.yi.le.na.wei.
ga.tuo.rae.la.fu.en.zei.ao.nae.ti.wu.ae.la.kar~.
ta.di.ke.ri~.ae.di.tuo.ao.le.te.ri~.ae.a.lae.fun.
cei.ao.ni.nor~.ma.li

快司托 拆路辣<u>日~爱</u> 啊 一了 呐为嘎托<u>日艾</u>，啦 夫恩贼奥耐 替物，爱 啦 卡日~路 第克日~爱第托，奥了特日~爱 啊赖 弗恩 次一 奥腻 诺日~骂利。

Mi sembra un bel cellulare.

感觉是一款不错的手机啊。

mi.sam.be.ra~.wen.bae.le.chae.lu.la.ri~.ae

咪 散么不日~啊 文 败了 拆路辣日~爱。

商务谈判

☺ **Com'è va il prezzo?**

这个价位怎么样？

kao.mae.yi.le.pe.ri~.ae.cuo

靠卖 一了 普日~爱错？

☺ **Il prezzo non va bene .**

这个价位不行。

yi.le.pe.ri~.ae.cuo.non.wa.bae.nae

一了 普日~爱错 诺恩 袜 败耐。

☺ **Se prezzo è questo , compro un migliaio.**

如果出这个价，我买一千台。

sae.pe.ri~.ae.cuo.ae.kuai.si.tuo.kom.pe.ruo~.wen. mi.li.a.yi.ao

赛 普日~爱错 爱 快死托，空么普若~ 文 咪 利啊一奥。

280

☺ **Può farmi uno sconto?**

能便宜点儿吗？

bo.far.mi.wu.nuo.si.kon.tuo

波 发日咪 物诺 司空托

☺ **Sui prodotti della nostra azienda, può stare tranquillo.**

敝公司的商品请放心。

su.yi.pe.ruo~.duo.ti.dae.la.nuo.si.te.ra~.a.cei.
an.da.bo.si.ta.rae.te.rang.kui.lo

苏一 普若~多替 带啦 诺司特日~啊 啊次一按
大，波 司踏日艾 特让溃咯。

☺ **Può provare questa macchina.**

您可以试用这台机器。

bo.pe.ruo~.wa.ri~.ae.kuai.si.ta.ma.ki.na

波 普若~袜日~爱 快死踏 骂科一呐。

👦 **Com'è va il prezzo?**

这个价位怎么样？

kao.mae.yi.le.pe.ri~.ae.cuo

靠卖 一了 普日~爱错？

👩 **Con questo prezzo ci vado a perdere.**

这个价位我会亏本的。

kon.kuai.si.tuo.pe.ri~.ae.cuo.qi.wa.duo.a.paer~.
dae.ri~.ae

空 快死托 普日~爱错 气 袜多 啊 派日~
带日~爱。

Se questo è il prezzo, ne comprerò un migliaio.

如果出这个价，我买一千台。

sae.kuai.si.tuo.ae.yi.le.pe.ri~.ae.cuo.nae.kom.
pe.ri~.ae.ruo~.wen.mi.li.a.yi.ao

赛 快死托 艾 一了 普日~爱错，耐空么
普日~爱若~ 文 咪利啊一奥

签订合同

☺ Il contratto entrerà in vigore non appena sarà firmato da entrambi le parti.

合同一经双方签定立即生效。

yi.le.kon.te.ra~.tuo.an.te.ri~.ae.ra~.yin.wei.go.ri~.
ae.non.a.pan.na.sa.ra.fei.ri~.ma.tuo.da.an.te.ra~.
me.bi.lae.paer~.ti

一了 空特日~啊托 按特日~爱 日~啊 因 为告
日~爱 诺嗯 啊盼呐 撒 日啊 费日~骂托 大
按特日~啊么必 赖 怕日~替。

☺ Possiamo firmare ora.

我们现在可以签合同了。

bo.sei.a.mo.fei.ri~.ma.ri~.ae.ao.ra~

波斯一啊莫 费日~骂日~爱 奥日~啊。

☺ **Se non ci sono modifiche, si prega di firmare in fondo.**

如果没有异议，请在合同最下方签字。

sae.non.qi.suo.nuo.mo.di.fei.kae.sei.pe.ri~.ae.ga.
di.fei.ri~.ma.ri~.ae.yin.fon.duo

赛 诺嗯 器 索诺 莫第费开, 斯一 普日~爱嘎
第 费日~骂日~爱 因 佛嗯多。

☺ **Le spiego i termini di questo contratto.**

让我简单解释一下协议书的内容。

lae.si.pi.ae.gao.yi.taer~.mi.ni.di.kuai.si.tuo.kon.
te.ra~.tuo

赖 司屁爱嘎 一 太日~咪腻 第 快死托 空特
日~啊托。

☺ **Quali sono le principali clausole del contratto?**

合同中的主要条款有哪些？

kua.li.suo.nuo.lae.pe.rin~.qi.pa.li.ke.law.suo.lae.
dae.le.kon.te.ra~.tuo

跨利 索诺 赖 普日因器怕利 克烙物索赖 带
了 空特日~啊托？

☺ **Questa volta firmi il contratto.**

你这次一定要把合同签回来。

kuai.si.ta.wol.ta.fei.ri~.mi.yi.le.kon.te.ra~.tuo

快死他 握了他 费日~咪 一了 空特日~啊托。

Le spiego brevemente i termini di questo contratto.

我简单解释一下协议书的内容。

lae.si.pi.ae.gao.be.rae.wae.mae.tae.yi.taer~.
mi.ni.di.kuai.si.tuo.kon.te.ra~.tuo

赖　司屁爱嘎　不日艾外慢太一　太日~咪腻
第　快死托　空特日~啊托

Il contratto entrerà in vigore non appena sarà firmato da entrambi le parti.

合同一经双方签定立即生效。

yi.le.kon.te.ra~.tuo.an.te.ri~.ae.ra~.yin.wei.
go.ri~.ae.non.a.pan.na.sa.ra.fei.ri~.ma.tuo.
da.an.te.ra~.me.bi.lae.paer~.ti

一了　空特日~啊托　按特日~爱　日~啊　因
为告日~爱　诺嗯　啊盼呐　撒　日啊　费日~驾
托　大　按特日~啊么必　赖　怕日~替。

Se non ci sono modifiche, si prega di firmare in fondo.

如果没有异议，请在合同最下方签字。

sae.non.qi.suo.nuo.mo.di.fei.kae.sei.pe.ri~.
ae.ga.di.fei.ri~.ma.ri~.ae.yin.fon.duo

赛 诺嗯 器 索诺 莫第费开，<u>斯一</u> 普<u>日</u>~
爱嘎 第 费日~骂日~爱 因 佛嗯多。

Possiamo firmare ora.

我们现在可以签合同了。

bo.sei.a.mo.fei.ri~.ma.ri~.ae.ao.ra~

波<u>斯一</u>啊莫 费日~骂日~爱 奥<u>日</u>~啊。

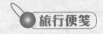
旅行便笺

第四部分

附　录

01 意大利国情简介

☐ 国土组成

意大利（意大利语：Italia），全称"意大利共和国"（意大利语：Repubblica Italiana），是一个欧洲国家，主要由南欧的亚平宁半岛及两个位于地中海中的岛屿西西里岛与萨丁岛所组成。

国土面积约为301333平方公里，人口约6148.2万。其领土还包围着两个微型国家——圣马力诺与梵蒂冈。

意大利地处欧洲南部地中海北岸，在北纬36°28′～47°6′，东经6°38′～18°31′之间。其领土包括阿尔卑斯山南麓和波河平原地区，亚平宁半岛及西西里岛、撒丁岛和其他的许多岛屿。亚平宁半岛占其全部领土面积的80%。

意大利陆界北部以阿尔卑斯山为屏障与法国、瑞士、奥地利和斯洛文尼亚接壤，80%国界线为海界。东、西、南三面临地中海的属海亚德里亚海、爱奥尼亚海和第勒尼安海，并且与突尼斯、马耳他和阿尔及利亚隔海相望。海岸线长约7200公里。

☐ 国家代表

意大利国旗呈长方形，长与宽之比为3:2。旗面由三个平行相等的竖长方形相连构成，从左至右依次为绿、白、红三色。意大利原来国旗的颜色与法国国旗相同，1796年才把蓝色改为绿色。据记载，1796年拿破仑的意大利军团在征战中曾使用由拿破仑设计的绿、白、红三色旗。1946年意大利共和国建立，正式规定绿、白、红三色旗为共和国国旗。

意大利国徽呈圆形。中心图案是一个红边五角星，象征意大利共和国；五角星背后是一个大齿轮，象征劳动者；齿轮周围由橄榄（olive）枝叶和橡树叶环绕，象征和平与强盛；底部的红色绶带上写着"意大利共和国"（Repubblica Italiana）。

意大利国花是雏菊（margherita），国石是珊瑚（corallo）。

□ 人口及宗教

意大利有6148.2万（2013年7月）人口，主要是意大利人。大多讲意大利语，个别边境地区讲法语和德语。大部分居民信奉天主教。

□ 基本国情

意大利是欧洲民族及文化的摇篮，曾孕育出罗马文化及伊特拉斯坎文明，而意大利的首都罗马，几个世纪以来都是西方世界的政治中心，也曾经是罗马帝国的首都。十三世纪末的意大利更是成为欧洲文艺复兴发源地。

意大利是一个高度发达的资本主义国家，欧洲四大经济体之一，也是欧盟和北约的创始会员国，还是申根公约、八国集团和联合国等重要国际组织的成员。

意大利共拥有48个联合国教科文组织世界遗产，是全球拥有世界遗产最多的国家之一。

意大利在艺术和时尚领域也处于世界领导地位，米兰是意大利的经济及工业重心，也是世界时尚都市。

☐　发展简史

史前时期：意大利是欧洲历史古国，在旧石器时代就已有人类在这片土地上生活。

罗马共和国和帝国：公元前510年，罗马人结束罗马王政时代并建立共和国。395年，罗马帝国分裂为西罗马帝国和东罗马帝国，476年正式灭亡。东罗马帝国于1453年被奥斯曼帝国吞并。

中世纪时期：568年，意大利北部建立了伦巴德王国，774年并入法兰克王国。16世纪早期，意大利大部分领土处于奥地利哈布斯堡王朝统治之下。在拿破仑于1796年入侵之后，消失了几个世纪的统一迹象又重新显现。

近现代史：1861年，意大利王国宣布成立，意大利统一之后就走上了对外扩张的资本主义殖民道路，并且以强国的姿态出现在欧洲的政治外交中。1940年意大利势力范围遍及地中海、北非、东非，国力达到鼎盛。意大利是1957年成立欧洲经济共同体时的六个创始国之一。经济曾在二战后以3倍于二战前的增长速度飞速发展。70年代由于恐怖组织的猖獗以及石油能源产品大幅涨价，意大利的经济开始疲软。进入90年代又遭遇了经济和政治危机。为了加入欧洲货币联盟（EMU），意大利不得不进行财政紧缩。

☐ 国家制度及政党

现行宪法（Costituzione）规定意大利是一个建立在劳动基础上的民主共和国。总统对外代表国家，由参、众两院联席会议选出。总理由总统任命，对议会负责。议会是最高立法和监督机构，由参议院和众议院组成。两院具有同等权力，各自可通过决议，但两院决议相互关联。

意大利实行多党制，各主要政党或党派联盟大多分布在中左和中右两大阵营，主要政党有：意大利民主党、意大利力量党、五星运动、新中右、意大利公民选择党、北方联盟、左翼生态自由党、意大利重建共产党、意大利共产党人党。

☐ 行政区划

意大利划分为20个一级行政区——大区（Regione），共110个省，8092个市（镇）。20个大区中有五个是实施特殊法律的自治大区：瓦莱达奥斯塔大区、特伦蒂诺—上阿迪杰大区、弗留利—威尼斯朱利亚大区、西西里大区和撒丁大区。

☐ 经济构成

意大利是发达的工业国家。私有经济为主体，占国内生产总值的80%以上。服务业约占国内生产总值的2/3。国内各大区经济差距较大，南北差距明显。中小企业占企业总数的98%以上，堪称"中小企业王国"。

❏ 交通情况

意大利交通基础设施较齐全。国内运输主要依靠公路，铁路、水路和航空运输也较发达。意大利公路网总长约83.7万公里，高速公路网总长约6532公里，铁路网总长约16529公里。有热那亚、那不勒斯、威尼斯、的里雅斯特、塔兰托、里窝那、锡拉库扎等19个主要港口。机场共98个。意大利交通运输系统属于世界最完善的交通系统之一，国内各种交通运输系统建筑长度总和位于世界前20，人均拥有交通路线长度则处于世界前10。

❏ 国家教育

意大利的艺术、设计、时尚类的教育在世界范围内都处于领导地位。高等教育院校众多，包括公立大学、私立大学。著名大学有：博洛尼亚大学（Università degli Studi di Bologna）、米兰理工大学（Politecnico di Milano）、都灵理工大学（Politecnico di Torino）、热那亚大学（Università degli Studi di Genova）、威尼斯卡福斯卡里大学（Università Cafoscari Venezia）、博科尼大学（Università Commerciale Luigi Bocconi）。

❏ 国家文化

提起文明古国意大利，人们立刻会联想到

历史上显赫一时的古罗马帝国、于公元79年毁于维苏威火山大爆发的庞贝古城、闻名于世的比萨斜塔、文艺复兴的发祥地佛罗伦萨、风光旖旎的水城威尼斯、被誉为世界第八大奇迹的古罗马竞技场。

其中，庞贝古城遗址是由联合国教科文组织批准的世界遗产之一。公元14~15世纪，意大利文艺空前繁荣，成为欧洲"文艺复兴"运动的发源地，但丁、达·芬奇、米开朗琪罗、拉斐尔、伽利略等文化与科学巨匠对人类文化的进步做出了无可比拟的巨大贡献。

如今，在意大利各地都可见到精心保存下来的古罗马时代的宏伟建筑和文艺复兴时代的绘画、雕刻、古迹和文物。

意大利举办过三届世界博览会，一届为1906年米兰世界博览会，一届为1992年热那亚世界博览会，另一届为2015年米兰世界博览会。

02 意大利节日简介

❑ 1月1日元旦

亦称新年，一岁之首。庆祝方式与我国相似，除夕之夜要守岁，等到新年钟声敲响后，要开香槟酒祝贺新年，也有人放鞭炮。开香槟酒时要让瓶塞发出清脆的响声并让其"飞上空中"，瓶塞落在谁身上，谁在新的一年里将会万事如意，因此是吉祥之兆。

❑ 1月6日主显节

亦称显现节，原是纪念"东方三博士前来朝拜圣婴耶稣"的，现已成为一个儿童节日。传说5日夜里，有位骑着扫帚的老妇，会从各家各户壁炉的烟囱里进来，给小朋友送礼物，听话的孩子会得到一只装有礼物的长筒袜，不听话的孩子会得到一只装有一块黑炭的长筒袜。类似于圣诞老人在平安夜派送礼物。

❑ 2月至3月狂欢节

亦称谢肉节，在大斋前一天举行。

大斋期间基督教徒不应食肉，也不举行婚配和其他娱乐活动，所以在大斋开始前举行一次狂欢活动，称狂欢节或谢肉节。现在人们不大注意大斋的规定，但狂欢节却成为一种习俗，狂欢活动也不止一天。意大利许多地方都举行规模宏大的娱乐活动，尤以威尼斯和维亚雷焦的狂欢节为最。

❑ 2月14日情人节

民间风俗节日，也叫圣瓦伦丁节。

传说公元270年，有一个叫瓦伦丁的基督徒，因为带头反抗罗马统治者的迫害被捕。在狱中，他和监狱长的女儿产生了感情。可是2月14日这一天他就要被处死。临刑前，他给情人写了一封情书，表达了自己的情意。自此，基督徒为了纪念这位殉难者，就把2月14日定为情人节。

☐ 3月8日三八妇女节

联合国从1975年开始庆祝国际妇女节，从此"三八节"就成为全世界劳动妇女为争取和平、争取妇女儿童权利、争取妇女解放而斗争的伟大节日。

在三八节这一天，男士们会向周围的女性赠送金黄色的含羞花，有的大商场在女顾客进门时赠送含羞花。

☐ 4月25日意大利解放日

1945年4月25日，意大利北方人民举行起义，解放了米兰、都灵、热那亚等大城市，驱逐了希特勒德国占领军。为纪念这一胜利，将这一天定为解放日，全国举行庆祝活动。

☐ 复活节

庆祝耶稣死后三天又复活的节日，时间在春分月圆后的第一个星期日。这是圣诞节后意大利的又一重要节日，一般放假一周。

☐ （每年5月的第二个星期日）母亲节

意大利人在母亲节会为母亲献上石竹花，以表达对母亲的感激之情。

☐ 6月2日国庆节

意大利共和国日（Festa della Repubblica）是

意大利的国庆日，在每年的6月2日庆祝，以纪念意大利在1946年6月2日至3日以公民投票形式废除君主国体并建立共和国体。

❏ 7月2日与8月15日锡耶纳赛马节（地方性节日）

锡耶纳赛马节会在锡耶纳的广场上举行较危险的无鞍赛马，比赛开始前有身着传统服装的啦啦队游行。

❏ 8月15日八月节

八月节是古罗马时代沿袭下来的节日，庆祝圣母升天。现在国家公务人员和各单位职员，8月份都要休假，一般分二批，7月底至8月15日为第一批，8月15日至8月底为第二批。这期间机关不办公，学校放假，商店也轮休。

❏ 11月2日万圣节

万圣节人们要去祭奠亡人、扫墓，一般要献上黄色或白色的菊花。因此，菊花在意大利被认为是葬仪之花，不可赠予活着的人。

❏ 12月8日圣母受胎节

纪念圣母玛利亚纯洁怀胎。

❏ 12月25日圣诞节

圣诞节是意大利最隆重的节日。一般放假至元旦后，或放至主显节，共有1～2个星期的假期。24日晚是圣诞之夜，人们要进行守夜，通宵达旦地举行庆祝活动。意大利人过圣诞节要全家团聚，所以是个团圆节。

03 意大利习俗简介

在意大利，有许多风俗习惯是要我们加倍重视的。在刚到意大利的时候一定要多留心，多请教。

首先，在意大利女士更加受到尊重，特别是在各种社交场合，女士处处优先。宴会时，要让女士先吃，只有女士先动刀叉进餐，先生们才可用餐。进出电梯时，要让女士先行。

意大利人在正式场合穿着十分讲究。见面礼是握手或招手示意；对长者、有地位和不太熟悉的人，要称呼他的姓，加上"先生"、"太太"、"小姐"和荣誉职称。进行商业会晤要提前安排，因为在意大利人心目中，自由是最重要的。

在意大利，互相赠送商务性礼物也是很普遍的。意大利人交谈的话题一般有足球、家庭事务、公司事务以及当地新闻等，避免谈美式足球和政治。意大利人忌讳交叉握手，忌讳数字"17"。

意大利人热情好客，如果你被人邀请，则不能拒绝，否则是不礼貌的行为。午餐在一天中是最丰盛的一餐，时间一般持续两三个小时。吃意大利面的时候，要用叉子卷成团再吃。此外值得一提的是意大利的一种很有名气的面食——比萨饼。它是用发酵的白面烤成的，上面带馅，其在意大利的普及程度就好像中国的油条、麻花。

意大利人有早晨喝咖啡、吃烩水果、喝酸牛奶的习惯。酒，特别是葡萄酒是意大利人离不开的饮品，不论男女几乎每餐都要喝酒，甚至在喝咖啡时，也要掺上一些酒。

意大利是盛产葡萄酒的国家。许多小城镇甚至乡村农户也会酿酒。过去，有些农民家里酿了许多酒，自饮有余，便打算出售一些。他们将葡萄枝挂在自家门口，过路人一看便知道这家有酒卖。一旦酒已售完，绿枝就被取下。这一风俗一直延续至今。所以意大利的商店门口有插葡萄枝的习惯。

在意大利，如果有人打喷嚏，旁边的人马上会说："萨路太！"意思是说："祝你健康！"究其原因，据说欧洲人十分害怕感冒，在欧洲发生过重感至死的事情，所以人们特别小心，千万不要感冒。如果有一点感冒，希望马上就好。此外，当着别人打喷嚏或咳嗽，被认为是不礼貌和讨嫌的事，所以本人要马上对旁边的人表示"对不起"。

和意大利有生意来往的人会抱怨，意大利节日太多，动不动就是一个什么节，动不动就找不到人了，因为他们休假去了！总之，跟他们打交道可得有耐性。意大利全年大约有三分之一的日子属节日。有的是宗教节日，有的是民间传统节日，有的是国家纪念日。节日多这一事实是意大利人崇尚自由、浪漫天性的体现，也是意大利人注重传统的见证，同时也保障了意大利人可以充分地享受生活，丰富生活。

特别是在夏季，人们一般都有两个星期至一个月不等的夏假。这是大家出国旅游、海滨度假、到山上湖边回归大自然的好时候。城市一改往日的喧嚣拥挤，变得静悄悄的，再大的城市也有了小镇的清幽。你知道意大利一年有多少天节假日吗？122天！

意大利习惯对死者进行土葬。各地都有公墓。大城市的公墓十分讲究，就像一座花园，里面还有许多精美的雕刻。因为菊花是献给死者的，所以一定要切记，意大利人忌讳菊花。

意大利的婚丧嫁娶习俗与欧洲其他国家相似，仪式多与宗教仪式相关。意大利人的嫁娶需要经过订婚（交换订婚戒指）、结婚（分为民政和教堂婚礼）两道仪式，3月、4月是意大利青年选择结婚的高峰期。

旅行便笺

旅行便笺